职业教育公共基础课教材系列

大学生劳动教育与实践

主　编　宗　伟　周兴前

副主编　徐俊祥　郑世林　刘亚丽　何玉娟

科学出版社

北　京

内 容 简 介

本书分为六个项目：认识劳动价值与品德、日常生活性劳动、专业职业性劳动、公益服务性劳动、创新创造性劳动、劳动保障与未来劳动。全书从理论和实践两个角度出发，引导学生树立正确的新时代劳动价值观，体现职业教育树德、增智、强体、育美的综合育人价值。

本书既可以作为职业院校的劳动教育教材，也可以作为劳动教育相关工作人员的参考用书。

图书在版编目（CIP）数据

大学生劳动教育与实践 / 宗伟，周兴前主编．—北京：科学出版社，2021.8

（职业教育公共基础课教材系列）

ISBN 978-7-03-069490-4

Ⅰ.①大…　Ⅱ.①宗…　②周…　Ⅲ.①劳动教育－高等职业教育－教材　Ⅳ.① G40-015

中国版本图书馆 CIP 数据核字（2021）第 153146 号

责任编辑：沈力匀　徐爱基 / 责任校对：赵丽杰

责任印制：吕春珉 / 封面设计：耕者设计工作室

科学出版社 出版

北京东黄城根北街 16 号

邮政编码：100717

http://www.sciencep.com

三河市骏杰印刷有限公司印刷

科学出版社发行　各地新华书店经销

*

2021 年 8 月第 一 版　开本：787×1092　1/16

2024 年 1 月第三次印刷　印张：10

字数：240 000

定价：48.00 元

（如有印装质量问题，我社负责调换〈骏杰〉）

销售部电话 010-62134988　编辑部电话 010-62135235（VP04）

前言

民生在勤，勤则不匮；人生在勤，不索何获？劳动创造了人类，创造了世界，更是人们幸福生活的源泉。从刀耕火种的原始农业时代到现在的信息化时代，劳动创造美好生活的实质从来没有改变，改变的只是劳动的形式。近年来大学生中出现了不珍惜劳动成果、不想劳动、不会劳动的现象。有些大学生没有意识到劳动的意义，他们不想劳动，不尊重普通劳动者，这对他们成长成才非常不利。因此，劳动教育迫在眉睫。2020 年 3 月 20 日，《中共中央　国务院关于全面加强新时代大中小学劳动教育的意见》（简称《意见》）发布。《意见》指出，劳动教育是国民教育体系的重要内容，是学生成长的必要途径，具有树德、增智、强体、育美的综合育人价值。实施劳动教育重点是在系统的文化知识学习之外，有目的、有计划地组织学生参加日常生活劳动、生产劳动和服务性劳动，让学生动手实践、出力流汗，接受锻炼、磨炼意志，培养学生正确的劳动价值观和良好的劳动品质。

为贯彻落实当今党对劳动教育的新要求，让劳动教育在高校落地、落实，充分发挥劳动独特的育人价值，我们编写了《大学生劳动教育与实践》。

本书主要有以下特点。

1. 内容循序渐进，逐步提升学生的综合劳动素养

本书以《意见》为指导，强调劳动教育的思想性，从理念理解到行动实践，层层递进、步步引导，帮助学生树立正确的劳动价值观，让其在劳动中接受锻炼、磨炼意志，懂得空谈误国、实干兴邦的道理，同时形成良好的劳动习惯。

2. 讲述榜样故事，引导学生形成劳动实践自觉

本书以培养担当民族复兴大任的时代新人，着力提升学生综合素质，促进学生全面发展、健康成长为目标，通过各种榜样故事，引导学生崇尚劳动、尊重劳动，培育学生精益求精的工匠精神和爱岗敬业的劳动态度，增强学生对劳动人民的感情和报效国家、奉献社会的爱国热情。

本书所选取的榜样故事主要为各行各业劳动者辛勤劳动、诚实劳动和创造性劳动等内容，特别增加了在 2020 年新型冠状病毒肺炎（简称“新冠肺炎”）疫情防控工作中，各行各业特别是医疗卫生行业劳动者和大学生群体表现出的无私奉献和大无畏的感人事迹，让学生感受榜样的力量，形成不畏艰难、百折不挠、敢于担当的高尚品格，树立通过劳动创造美好生活的信念。

3. 注重劳动实践，助力提升学生就业创业能力

本书设置了丰富多样的实践活动，鼓励学生结合学科和专业积极开展实习实训、专业服务、社会实践、勤工助学等，引导其创造性地解决实际问题，进而积累职业经验，提升就业创业的能力。

本书由重庆电力高等专科学校宗伟、德州科技职业学院青岛校区周兴前担任主编，中青创想教育科技（北京）有限责任公司徐俊祥、重庆电力高等专科学校郑世林、德州科技职业学院青岛校区刘亚丽、重庆艺术工程职业学院何玉娟担任副主编，参加编写的人员还有山东文化产业职业学院刘建冬、山东文化产业职业学院滕启叶，德州科技职业学院青岛校区崔学升、赵鲁强、张慧。

本书在编写过程中，参考和借鉴了劳动教育研究方面的文献资料、网络资源和相关的研究成果，在此向相关作者一并表示真诚的感谢。

由于编者水平有限，加之编写时间仓促，书中不足之处在所难免，敬请广大读者批评指正，并对本书提出宝贵意见，帮助我们在修订中不断完善。

目录

项目一

认识劳动价值与品德——劳动创造价值财富

劳动教育箴言

社会主义是干出来的，幸福是奋斗出来的。

——习近平

一分耕耘，一分收获，要收获得好，必须耕耘得好。

——徐特立

劳动受人推崇。为社会服务是很受人赞赏的道德理想。

——杜威

我们深信，只有通过有汗水、有老茧和疲乏人的劳动，人的心灵才会变得敏感、温柔；通过劳动，人才具有用心灵认识周围世界的能力。

——苏霍姆林斯基

训练目标

树立正确的劳动价值观。正确理解劳动是人类发展和社会进步的根本力量，认识劳动创造人，劳动创造价值、创造财富、创造美好生活的道理。尊重劳动，尊重普通劳动者，牢固树立劳动最光荣、劳动最崇高、劳动最伟大、劳动最美丽的思想观念。培养诚实守信的合法劳动意识。

行动导向

1. 什么是劳动？劳动的本质是什么？
2. 劳动的意义与价值是什么？
3. 劳动与人生发展的关系如何？
4. 如何理解“劳动创造美好生活”？
5. 大学生应如何正确看待劳动？应树立哪些劳动意识？
6. 如何做到诚实劳动？

任务一　劳动价值观与态度训练

只有劳动，才能创造人生的价值

人的劳动，被赋予神圣的意义。劳动不仅是谋生的手段，而且是生活本身，是一种学习和创造的过程。这种过程，自然是和谐的、身心愉悦的，是为自己，也为他人而活着的过程。人的生命价值只有在劳动中才能得以充分体现。

唐朝百丈怀海禅师，立下一套极有系统的寺庙规矩，即有名的“百丈清规”。百丈禅师倡导“一日不作，一日不食”的农禅生活。他每日除了领众修行外，必亲执劳役，勤苦工作，自食其力，极其认真，对于平常的琐碎事务，尤不肯假手他人。

后来，百丈禅师渐渐老了，但他每日仍随众上山担柴、下田种地，因为农禅生活，就是自耕自食的生活。弟子们不忍心让年迈的师父做这种粗重的工作，因此恳请他不要随众出坡，但百丈禅师以坚决的口吻说：“我无德劳人，人生在世，如果不亲自劳动，那不成了废人吗？”

弟子们阻止不了百丈禅师服务的决心，只好将他所用的扁担、锄头等工具藏起来，不让他做工。

百丈禅师无奈，只好用不吃饭的绝食行为抗议，弟子们焦急地问道：“为何不饮不食？”

百丈禅师说：“既然没有工作，哪能吃饭呢？”

弟子们没办法，只好将工具又还给他，让他随众生活。

百丈禅师主张的“一日不作，一日不食”已经成为古训。世界因劳动而改变，历史由劳动而发展，劳动可以改善物质生活、精神世界，可以强健体魄、开发智慧，可以注入生命的活力，可以获得满足感、成就感、幸福感。劳动最大的益处是能使人脱离无聊与空虚。

劳动是人类所特有的活动，是人存在的基本条件，也是人本质的核心要素。劳动者创造了价值，这个价值就是“前人植树，后人乘凉”。我们现在享受的社会，都是无数人用劳动创造出的硕果。当我们享受的时候，是否也应为后人创造些什么？留下些什么？哪怕留下一块草坪，也是后人驻足小憩的场所。

劳动是人存在的前提，无论是脑力劳动还是体力劳动，都是一个人存在的价值和意义的体现。马克思注意到人类社会的存在和发展的前提是劳动，没有劳动就没有人类，也就没有人类社会。劳动也是创造人生价值的源泉和基本途径。劳动是积极的、创造性的实践活动，社会的一切财富都是通过劳动获得的，因此人生价值也是通过劳动创造出来的。

（资料来源：周华诚，2020. 一日不作，一日不食［N］. 文摘报，2020-02-22（3）.）

知识与能力

劳动价值观与态度训练·知识与能力

劳动是人类社会生存和发展的基础，是人类适应自然的活动和改造自然的独特方式，是人维持自我生存和自我发展的唯一手段。劳动，主要是指生产物质资料的过程，通常是指能够对外输出劳动量或劳动价值的人类运动，多指创造物质财富和精神财富的活动。

人类的一切活动（经济活动、政治活动与文化活动）在本质上都是价值的运动，都是各种不同形式的价值不断转化、不断循环、不断增值的过程。这种价值运动具体表现为：使用价值、劳动潜能、劳动价值与新使用价值的循环回路。所有复杂形式的价值运动最终都可以分解为若干个这样的循环回路，所有复杂的社会现象都是由若干个这样的循环回路有机地组合而成。

劳动是财富的源泉，也是幸福的源泉；人世间的美好理想，只有通过诚实劳动才能实现；社会发展中的各种难题，只有通过创造性劳动才能破解；生命里的一切辉煌，只有通过辛勤劳动才能铸就。劳动不仅有关人的健康和智慧，也有关人生的快乐和美好；劳动使我们的生活丰富多彩，劳动锻炼和造就了我们人类。人的伟大其实就在于会劳动、能劳动和爱劳动。没有劳动的人生是毫无意义的，能体现劳动的生活是幸福的。

新时代大学生要将日常生活与理想追求紧密结合，在劳动创造中实现远大理想和个人目标，自觉把人生追求融入国家富强、民族复兴的伟业之中，实现个人与集体、国家的融合发展，真正依靠辛勤劳动、诚实劳动、创造性劳动获取财富、实现人生价值，为走出校园后的人生之路奠定良好的事业发展基础。新时代大学生应不畏艰难、百折不挠、敢于担当，在劳动中增阅历、长才干、坚意志、熟技能、知荣辱、懂感恩，为美好的未来做好思想、信念、人格、品质上的准备。

弘扬劳动精神，大学生要扎扎实实干事，踏踏实实做人，培养积极主动的岗位意识、职业意识、进取精神和创新精神。今后无论处于什么岗位，新时代大学生都应在本职工作中充分发挥积极性、主动性和创造性，通过自己的劳动收获满足感、幸福感、尊严感，在创造物质财富的同时，提升自我的精神境界，知行合一，把积极的劳动价值观内化为精神追求，外化为自觉行动。新时代大学生要把艰苦环境作为磨炼自己的机遇，把小事当作大事干，从做好小事、管好小节起步，学会劳动、学会勤俭，学会感恩、学会助人，学会自省、学会自律。

劳动是社会对个体最基本的要求，既是个人的生存手段，也是个人对社会和国家应尽的义务。新时代大学生应树立劳动最光荣、劳动最崇高、劳动最伟大、劳动最美丽的思想观念，以辛勤劳动为荣、以好逸恶劳为耻。新时代大学生应以客观公正、平等尊重的态度对待一切劳动，并尊重每一个普通劳动者。新时代大学生应树立正确的劳动价值观念，克服不劳而获和投机心理，让诚实劳动的观念深深扎根于内心。《中华人民共和国劳动法》第三条第二款规定，劳动义务是指劳动者必须履行的责任：①劳动者应当完成劳动任务；②劳动者必须提高职业技能；③劳动者必须执行劳动安全卫生规程；④劳动者必须遵守劳动纪律；⑤劳动者必须遵守职业道德。劳动者的这些义务是法律所规定的，是受法律制约的。当劳动者没有履行这些义务时，会受到法律的制裁。

一、尊重劳动

凡劳动者，都在靠自己的本领“吃饭”，他们付出了体力和脑力，对社会的发展进步起到了积极推动作用。

我国每一次重大任务的完成，无不凝聚着劳动者的心血与汗水。举世瞩目的“红旗渠”工程，是当年林州人民在极其险恶的环境下，通过近10年苦战，用双手一锤一铲开凿出来的。在抗击新冠肺炎疫情战役中，无数医务工作人员、疫情防控人员一往无前、舍生忘死地拼搏，才遏制了蔓延的疫情，挽救了无数的生命。

正是每一个劳动者在各行各业的岗位上尽心尽责、辛勤劳动，才能让整个社会物质充裕、运转有序、共享幸福。劳动者，创造幸福的同时，也带给他人以幸福。我们应常怀感恩之心，尊重我们身边的每一个劳动者，尊重每一份普通的劳动。

拓展阅读

19位职业人在快手直播“一日人生”

2020年5月1日，北京快手科技有限公司（简称“快手”）联合人民网推出“一日人生”劳动节接力直播，5:00～24:00，“水果医生”、外卖小哥和演员矢野浩二等19位不同职业的职业人轮番上阵，记录真实的生活。当天，“一日人生”系列直播观看人次达3121万，点赞数2522万，其中人民网视频直播间吸引了超过1000万人次观看。

新的一天从升旗仪式开始。主播“尘客将军”为网友直播了北京天安门广场的升旗全程。5:00，仪仗队队员迈着整齐划一的步伐踏过金水桥，穿过长安街；一切准备就绪后，5:15，在国歌伴奏下五星红旗冉冉升起。“尘客将军”是快手平台短视频红人，坚持每天为观众直播升降旗，宣扬正能量。

网红“水果医生”王野虓接力直播，他是黑龙江省鹤岗市人民医院重症医学科的主治医师，擅长以浅显易懂的语言科普医学知识。在直播中，他用水果模拟人体器官，为网友讲解妇科疾病产生的原因和治疗方式。此外，他还通过情景模拟的方式教授常见的基础急救技巧。王野虓从2018年开始尝试给猕猴桃做龙凤胎剖宫产，用苹果演示心脏缝合手术，给芒果切阑尾……生动有趣的手术示范令他迅速爆红。

“90后”无臂女孩杨莉用脚炒了一盘西红柿炒鸡蛋并做了一碗清汤面，在直播间边吃边和网友聊天。她因童年时期的一场意外失去双臂，此后学习用脚生活，不少人在直播间中祝福她早日找到心仪的对象。杨莉于2018年开设“快手”账号，化名“芯痧”，在平台分享她的日常生活，展示用脚化妆、洗脸、写字、织毛衣、包饺子、切西瓜等各种细节。她的励志人生以及乐观积极的生活态度感动了无数网友。

在中国生活了20年的日本演员矢野浩二在直播中讲述了自己工作和学习的经历，并分享了饮食和身材管理的方法。作为“中国人的女婿”和“中国人最熟悉的日本面孔”，矢野浩二直言喜欢中国。新冠肺炎疫情暴发初期，他第一时间筹集了13万只口罩，从日本寄往中国。

除此之外，维持市容的环卫工人、唤醒味蕾的早餐铺老板、登上《时代》杂志的外卖小哥高治晓、快手主播娃娃，以及消防员、婚礼主持人、交警、农民工、北漂青年、妇产科医生等各行各业的劳动者均出现在直播中，为网友呈现了他们日常的工作，体现了平凡人的不平凡人生。

（资料来源：钟甜甜，2020．致敬普通劳动者：19 位职业人在快手直播"一日人生"［EB/OL］．(2020-05-03)［2021-04-04］．https://baijiahao.baidu.com/s?id=1665678911218210642&wfr=spider&for=pc.）

二、热爱劳动

"人生两件宝，双手和大脑，一切靠劳动，生活才美好。"这是我国著名教育家陶行知对劳动的生动解说。劳动不仅是人类文明进步的源泉，还是打开幸福之门的钥匙。通过劳动，人类从森林走向陆地，从远古走向现代文明，从食不果腹走向"吃好穿美"。

幸福不是免费午餐，幸福不会从天而降。劳动的意义在于帮助我们满足生存的物质需要，更重要的是，劳动能帮助我们完善内心、找到幸福。劳动，不仅为我们幸福生活的实现提供了物质条件，而且劳动的过程本身就是一种幸福的体验。

同时，我们也要认识到：对于劳动，如果乐而为之，心中的直接体验是愉快的；如果是强迫自己干的，直接体验就是不愉快的。什么样的劳动能产生积极的、愉快的体验呢？"智者乐水，仁者乐山"，你乐什么呢？什么样的劳动能让你产生愉悦呢？这需要我们结合自己的情感和需要去探索、去发现，如果你找到的事情让你感到愉快，那就坚持下去。此外，劳动不仅能为个人创造美好的生活，也能给社会创造更多的价值。身处新时代，我们应该热爱劳动，让劳动成为我们的人生幸福据点，同时实现自己的时代担当。

拓展阅读

2020 年的劳动节，你幸福吗？

新冠肺炎疫情就像一个突如其来的暂停、重复键，大多数人的生活仿佛都停留在同一天，起床，吃饭，百无聊赖，睡觉，起床，吃饭……不用挤公交、地铁，不用在格子间忙乱，从没想到过在家里就是对国家最大的贡献——这样的生活是不是很开心？

然而，一天，两天，三天……当复工的通知一再延迟，居家的日子似乎没有尽头时，很多人却待不住了，除了生计的窘迫，更多的是内心的躁动不安。为什么梦想中的闲散没有产生美满的效果呢？是什么在内心里蠢蠢欲动？身体想动起来，收拾屋子、钻研美食、学习新知识新技能，甚至冲破重重障碍复工复产——这，就是劳动的魅力！

人，生而平凡琐碎，是劳动赋予生活不同的意义，是人的日常劳作、所作所为一点点积累，成就了波澜壮阔抑或风轻云淡的一生。按部就班的劳作生活的日子，并不觉得劳动的可贵，失而复得后反而显得弥足珍贵。很多人感慨，如果没有这场疫情，从来就不会知道那些平凡而忙忙碌碌岁月的可贵。疫情最紧张的时候，无数人的心愿是平静地上好每一天班，然后重新体味过去忙碌的每一天，人生最宝贵的是"阳光底下最细碎的幸福"。

劳动，在日复一日的忙碌中——耕耘在土地上的春种秋收，工作岗位上的兢兢业业，为家人张罗的一桌好饭……一切的辛勤、用心，让生活变得丰富而美满。劳动，会产生客观效应和主观效应，客观效应是创造出效益及财富，获取生活需要的物质手段，这是安身立命的根本。

我们每个人每一天都享受着别人辛勤劳动的成果，清晨起床有干净整洁的城市环境，出门有丰富的早餐，中午能随心叫各种外卖，有房子可以遮风挡雨，想看书时可以买到各种书籍，想关注新闻时有网络及时推送，他人的劳动保障了我们的衣食住行和精神文明的需求。我们作为社会的一员，也在贡献自己的劳动，在自己的岗位创造价值，在为家人提供服务，或者为自己创造幸福的生活。整个群体的劳动促进了社会的进步、科技的发展，使人类的明天更加美好。

劳动没有贵贱之分，“辛勤劳动一天，无论用手还是用脑，都是同等尊严的”。劳动的意义不仅在帮助我们满足生存的物质需要，劳动更重要的是能帮助我们完善内心、实现自我，这是劳动带来的主观效应。

劳动最持久和深刻的愉快感来自利他的行为。“我们的存在并不全然是为了自己的生命，而是要让别人的生命有更大的快乐。”照料家人饮食起居，帮朋友、帮助陌生人渡过难关，虔诚的、细小的利他行为一点点延伸到为社会、为国家、为世界大规模的贡献行为。

这次新冠肺炎疫情期间，很多人仍然在默默坚持劳动，清洁工维护着城市的整洁，志愿者为大家送米、送菜、送药，医护人员在临床一线救死扶伤。如果不是这些人的利他行为、默默的奉献，我们很难安逸地宅在家里。这些人在付出劳动的同时，也获得了社会的尊敬和肯定，更重要的是，他们在看到自身的劳动能帮助他人时，内心会产生对自我的肯定和欣赏，这种至深至纯的幸福感，就是愉快的道德情感，这是精神健康中最宝贵的情感，也是帮助我们抵消烦恼和痛苦的良药。

心理健康的人，并不是生活中没有烦恼和痛苦，而是能以积极的态度和有效的行动去面对、去创造、去体验。埋首劳动，心地自宽。

生活中，除了劳动，还有娱乐和休息，一张一弛、劳逸结合是非常重要的，娱乐带来的乐趣在充实的劳动后会显得更有意义。如果只娱乐，从娱乐中获取的愉快感是短暂的。

《月亮与六便士》里有一段话，“我们的生活很单纯，很简朴，我们并不野心勃勃，如果说我们也有骄傲的话，那就是因为在想通过双手获得劳动成果的骄傲。我们对别人既不嫉妒，更不怀恨。有人认为劳动的幸福是句空话，对我来说可不是这样的，我深深地感到这句话的重要意义，我是个幸福的人”。

尽管世事多变，勤恳的劳动始终不变，这是我们平平凡凡的人平平凡凡地过日子的真实写照。默默劳作，日复一日，不管你是在土地上耕耘农作物，在大街小巷驰骋送快递，在护卫城市的清洁，在办公楼做着文案，还是置身科技国防前沿，只要我们是勤勤恳恳、兢兢业业的劳动者，就都应该心安理得地享受劳动带来的幸福和尊严。

（资料来源：阎惠丽，暨星球，詹波，2020. 高职生劳动素养教育［M］. 成都：电子科技大学出版社.）

三、践行劳动

青春是什么？有人说，青春就像是一场情窦初开时的初恋，青涩短暂却又刻骨铭心；有人说，青春可以用“三次冲动”来形容，一次是奋不顾身的爱情，一次是说走就走的旅行，一次是全力以赴的梦想；还有人说青春就像是去淋雨，明知道会感冒，却还想再来一次。对于青春，“一千个读者，就有一千个哈姆雷特”，而梦想与奋斗无疑是青春最美的注解。

奋斗是青春的底色，没有哪一代人的青春是平淡如常的。生活的压力、工作的焦虑、成功的渴望，让我们这一代的青年同样有着“成长的烦恼”。怨天尤人、消极颓废、得过且过不是解决问题的办法，踏实肯干、敢于付出、艰苦奋斗才是青春的模样。中山大学博士生韦慧晓投身军旅，成长为我国海军首位女副舰长，在万里海疆书写着无悔青春；常州技师学院学生宋彪顶着40℃的高温在车间日复一日地苦练，终于斩获世界技能大赛的最高奖……无数年轻人，以奋斗成就着出彩的人生。

有人说：“世界上有两种光芒最耀眼，一种是太阳，另一种就是你努力的模样。”青年时代，只要有那么一股子中流击水的劲头，有那么一股子以梦为马的激情，奋斗就将成为实现梦想的阶梯、走向未来的桥梁。

拓展阅读

三十而立，我们是新时代的奋斗者

高校教师刘某：工作“拨云见日”，生活兴趣丰富多样

1990年出生的刘某已在合肥学院英语系工作两年。2020年她的工作计划是“工作满三年，准备申报讲师职称”。

2017年，从英国学成归国后，刘某入职合肥学院。目前身为助教的她工作性质为“半行政半教学”：“入职后先考了高校教师资格证，现在在代‘商务英语’‘翻译’两门课。”

2021年，刘某准备申报讲师职称，“正在写论文，过完年看看能不能发表”。刘某的工作状态正处于“从学生到老师”的转变期。“虽然都是在校园中，但身份有所不同。我从一开始的不熟悉摸索到如今的拨云见日。”

本职工作外，刘某平时也协助学校进行外事翻译活动。“在2019年的世界制造业大会上，我给副省长做了翻译工作。”她表示会在翻译的路上继续探索。

刘某还有一个长期目标——成为多语种者。“我一直对语言感兴趣，以后准备继续学习法语，争取精通法语。”

在生活上，刘某也有很多计划：“新的一年准备定期健身，每周末爬山，让自己健康起来。”之前有健康管理的意识，但她并未完全付出行动。工作后，刘某深感身体健康的重要性。

即将满30周岁，刘某还有个愿望：“目前情感状态一片空白，新的一年我会更加积极，希望能尽快寻找到另一半。”

“每一代人都有每一代人的标签。”刘某说起“90后”的时代标签，“我身边有很多优秀能干的‘90后’。大家都在为自己的生活而奋斗。”

汽车调试工韩某：从汽车调试工到“劳模”

1990年出生的韩某是合肥长安汽车有限公司的一名一线技术工人。2018年，对他而言是收获的一年：获得合肥市“五一劳动奖章”，以他的名字命名的劳模创新工作室成立。

韩某的日常工作是进行整车电器故障诊断与维修。工作室成立后，他利用双休时间进行技修人才培养培训。

“以前只需要做好自己手上的工作，现在要进行人才培养和疑难攻关，考虑问题的方式方法不同了。”韩某介绍，“工作室成立以来，开展培训25次，培训300多人次、124个课时。”

这也是韩某近两年来的工作收获。“工作室培养出一批电器维修工。公司生产现场的安全员、现场员、异常员等很多都是从我们这儿出来的。”他骄傲地说。

由于忙于一线生产，韩某工作外的私人时间并不多。“现在主要忙着提产上量，周末休息时间要开展培训。”

韩某新的一年的工作目标简单明了：“在提升自身能力的同时，培养更多技能型人才，为公司解决更多疑难问题。”

医学博士张某：将更多的科研成果应用于临床，造福于患者

作为访问学者，从美国罗切斯特大学医学中心病理系毕业回国后，张某就投入到安徽医科大学附属医院（简称“安医大一附院”）泌尿外科新的科研项目中。这位1991年出生的医学博士，一直从事着前列腺疾病的基础与临床研究。如今，张某每周至少工作70小时。

谈起学医的初衷，张某说：“我有一位亲人不幸罹患乳腺癌（晚期）。我因此深受触动，意识到健康才是最重要的，所以毅然选择了临床医学。”

30岁，正是一名医生进入职业生涯的起步阶段，张某除了掌握更多的临床技能外，还对正在开展的课题，不断地寻找关键和突破点，以推动转化医学的研究，将更多的科研成果应用于临床，造福于患者。

“医生是一个光荣的职业，应该以解除病人病痛、救死扶伤，不断地去研究和发展新的有效和安全的治疗方法为目标，在每个阶段都应充分发挥自己的价值。”张某说。

在张某进入泌尿外科团队学习和工作之后，他才知道导师梁某从医30年来，几十年如一日，每天7:00就到达工作岗位，经常工作到凌晨才能休息。“他用行动鞭策着我们不断进步，超越自我，向更高的目标奋进。”

三十而立，10年的医学求学之路，让张某找准了未来奋斗的方向。“希望下一个30年，能够去探索更多有意义的事情，为自己的生命增加厚度和色彩。”

（资料来源：徐慧冬，王佳，2020. 首批迈入“30岁”“90后”：三十而立，我们是新时代的奋斗者［EB/OL］.（2020-01-03）［2021-04-05］. https://baijiahao.baidu.com/s?id=1654664592594535567&wfr=spider&for=pc.）

劳动价值观与态度训练・活动与训练

为劳动模范画像

【目标】

本训练活动，旨在训练学生在团队协作、搜集信息、理解分析问题和创作表达等方面的能力，进而培养学生的劳动精神，认同劳动价值与意义，树立劳动榜样，尊重劳动和劳动者，形成积极主动的劳动意识。

【任务】

（1）找到一个身边熟悉的劳动模范，搜集、挖掘其劳动事迹和成长故事。

（2）通过分析劳动模范的经历，梳理概括其身上的劳动精神与态度。

（3）通过图 1-1 为劳动模范画像的形式，直观展示其精神特质，讲述故事与感悟。

图 1-1 劳动模范画像

【准备】

（1）网络与智能终端设备（可上网的手机、计算机等即可）。

（2）彩笔和海报纸。

（3）准备 3～5 个劳动模范的具体材料（备用）。

【行动】

（1）按每组 5～7 人进行分组，并根据学生相互之间的熟悉程度进行简单的“破冰”与团建。

（2）小组抽取准备好的劳动模范材料，或安排学生通过讨论与网络查询等方式，确定一个劳动模范作为分析对象。

（3）小组通过分工协作，搜集劳动模范的相关资料，并对各种信息素材进行梳理与整合，概括出劳动模范的主要事迹和相应的精神特质。

（4）小组根据上述具体信息，为劳动模范进行画像并概括出描述关键词。

（5）各小组展示画像，讲述劳动模范故事，分享活动的心得感悟。

（6）教师进行总结与点评。

【评价】

要求：以小组过程参与和成果分享为评价主体内容。小组所选择的劳动模范要具有典型性和时代性，画像的形象越直观具体、描绘信息越准确丰富越好。形象刻画、故事讲述和感悟分享要积极向上、真实，能打动人。填写表 1-1“为劳动模范画像”活动评价表。

表 1-1 “为劳动模范画像”活动评价表

评价内容	小组评价	同学互评	教师评价
任务完成效率			
任务完成质量			
团队协作程度			
学习榜样价值			

活动与思考

1. 讲一个你了解的劳动者的感人故事。
2. 你了解的关于劳动的谚语有哪些？
3. 劳动实践项目：校园义务劳动。

任务二 诚信与合法劳动意识训练

案例与故事

诚信的力量

《资治通鉴》中有一个关于魏文侯的故事。文侯与群臣饮酒，乐，而天雨，命驾将适野。左右曰：“今日饮酒乐，天又雨，公将焉之？”文侯曰：“吾与虞人期猎，虽乐，岂可不一会期哉！”乃往，身自罢之。

这个故事是说，魏文侯与群臣饮酒，奏乐间，下起了大雨，魏文侯却下令备车前往山野之中。左右侍臣问：“今天饮酒正乐，外面又下着大雨，国君打算到哪里去呢？”魏文侯说：“我与山野村长约好了去打猎，虽然这里很快乐，也不能不遵守约定！”于是亲自前往山野告诉村长停止打猎。

孔子曾说：“人而无信，不知其可也。大车无輗，小车无軏，其何以行之哉？”一个国君能诚信待人，自然能够赢得臣子们的信任。魏文侯正是凭借这种待人以诚的精神，使魏国成为当时的霸主。

说到诚信，还有一个“曾子杀彘”的故事。曾子的夫人到集市上去赶集，她的儿子哭着要跟着去。她对儿子说：“你回家，等我回来杀猪给你吃。”在2000多年前，百姓家若能在平时吃到肉，那是相当幸福的，这对于小孩子来说，是莫大的诱惑。小孩子自然高兴，于是留在家里。曾子夫人从集市上回来，儿子哭着闹着要吃猪肉，曾子夫人被儿子缠得非常无奈。曾子回到家后，见儿子在哭，就问为什么。孩子把事情的前因后果讲了一遍。曾子走进厨房，拿起刀要杀猪。妻子阻止他说：“不过是和孩子开玩笑罢了。”曾子说：“小孩子是不能和他开玩笑的啊！小孩子没有思考和判断能力，等着父母去教他，听从父母的教导。现在你欺骗孩子，就是在教他欺骗别人。母亲欺骗了孩子，孩子就不会相信他的母亲，这不是用来教育孩子成为正人君子的方法。”于是曾子就杀猪煮肉给孩子吃。

萧至忠是唐中宗、唐睿宗时期的著名大臣，历任监察御史、御史中丞、吏部尚书、中书令等。有一次，萧至忠与同僚打算去考察百姓生活，他们相约在一个路口相见。约会那天，恰巧天降暴雪，随行人员纷纷躲避到路边的房子里取暖，只有萧至忠仍然站在路口等同僚。他生怕因为同僚来到时没有看到人而掉头回去。同行的人都纷纷劝他到房子里取暖，萧至忠回答说：“哪有为了自己的安适失信于人的道理呢！”众人听了他说的话之后，纷纷出来陪着萧至忠。同僚来之后，听说萧至忠在雪地等了很久，也被他这种精神感动了。萧至忠言必信、行必果，又善于决断，深得同僚和下属的信任。很多人欣赏他的为人，愿意和他打交道。

无论是魏文侯还是曾子或者萧至忠，他们都是以诚待人的典范。诚信，乃立人之本、处世之道。魏文侯诚信治国，魏国成为一方霸主；曾子诚信教子，成为世之典范；萧至忠诚信待友，因此赢得尊重。诚信犹如江河之水，平静之中蕴藏着洪荒之力；犹如和煦春风，潜移默化之中改造着人的认知。诚信释放出的强大能量，润滑着人际交往，滋养着社会和谐，更规范着内心的道德。诚信留给后世的，是做人的尊严，以及矢志不移的初心。

（资料来源：罗日荣，2017. 诚信的力量［EB/OL］.（2017-02-08）［2021-04-04］. http://www.scjc.gov.cn/fSNNVaWjV/detail.）

二维码：诚信与合法劳动意识训练·知识与能力

一、诚实劳动

诚实劳动是劳动者的内在道德要求。在中国传统文化中，“君子爱财，取之有道”，强调以“道”获“利”。步入新时代，在经济全球化、信息化、网络化的市场经济环境中，在物质主义与利己主义涌现的社会背景下，以“道”获“利”的伦理规范正接受挑战。在这个背景下，诚实劳动的理念和规范是新时代所必须倡导和落实的。正如习近平总书记强调的，“人世间的美好梦想，只有通过诚实劳动才能实现；发展中的各种难题，只有通过诚实劳动才能破解”。何谓新时代的诚实劳动？在本质上，诚实劳动强调的是劳动者积极实干，而不是投机取巧。表现在社会关系上，即要求坚守公平正义，反对损公肥私、损人利己。在经济形态上，诚实劳动反对资本欺诈，反对违法乱纪，特别是在虚拟经济时代，反对网络诈骗。在人与自然的关系上，诚实劳动要求绿色发展，不以牺牲生态为代价换取经济发展。在社会文化培育上，诚实劳动意在实现“人人为我，我为人人”的文化形态，使每一个劳动者都具备劳动自觉和劳动获得感。

拓展阅读

用诚信和专业赢得口碑

全国劳动模范拜丽是中国邮政储蓄银行乌鲁木齐市分行沙依巴克区支行理财经理。

工作 11 年，拜丽依然记得收到的第一面锦旗。

那是 2009 年的一个下午，刚入职不久的拜丽像往常一样，耐心地教会了一位客户使用自助设备。没想到几天后，这位客户竟专程送来一面锦旗。这时拜丽才得知，原来客户当日急需用钱，不会使用自助设备的她走了很多地方都未能取到现金，最后走进沙依巴克区支行得到了拜丽的热情接待和帮助。

举手之劳的一件小事，却得到了客户的褒奖，这是拜丽没有想到的。

2010 年，拜丽从银行柜员调整到理财经理岗位，帮助客户实现资产合理配置。拜丽说，一名优秀的理财经理不仅需要全面、专业的知识，更需要善良与真诚相待的服务热忱。

拜丽主动跟每一位客户联系，跑市场、见客户，一边不断学习专业知识，一边不断深入了解客户，掌握客户的风险偏好，为客户推荐更适合的理财产品。

市民王平是沙依巴克区支行的老客户。他说，拜丽热情善良，专业细心，把客户的事当成自己的事去操心、去办理。

“拜丽不会为了业绩向我们介绍产品，她会根据我的资金情况、我的想法做出更适合我的理财建议。”王平说，这一点让他心里特别舒坦。

新型冠状病毒肺炎疫情发生后，拜丽两次参加志愿者服务活动，主动协助邮政快递负责所居住小区内的投递工作，并在送快递的同时向居民宣传疫情防控知识。

做人的信条千万条，拜丽做人就一条：做一个诚信专业的金融人！做事就是先做人，做人成功了，做事不成功是暂时的；做人不成功，做事成功也是暂时的。

（资料来源：吴铎思，2020. 拜丽：用诚信和专业赢得口碑［EB/OL］.（2020-12-22）［2021-04-05］. https://baijiahao.baidu.com/s?id=1686767286032915496&wfr=spider&for=pc.）

二、失信成本

失信成本，正如其字面意思一样，是指行为人因为失信而付出的代价。它由直接成本和间接成本两部分构成，可用表达式表示为：失信成本＝直接成本＋间接成本。由于失信程度不同，行为人付出的代价也不同，一般以法律成本为最高。

直接成本是指失信者因为失信行为的发生直接付出的成本，它由四部分构成，用表达式表示为：直接成本＝经济成本＋法律成本＋道德成本＋心理成本。经济成本，是指在经济利益方面受到的直接或间接损失，如毁约付出的赔偿，工作的失去、银行的不予贷款、银行收取更高的罚息等损失。法律成本包括两方面的含义：一是指因为失信行为的发生而受到的法律制裁，主要有由法院执行的警告、判刑等；二是指行政执法部门给予的处罚，如限制消费、限制市场准入等。道德成本的存有主要是因为诚信属于伦理学、社会学范畴，体现为一种约束人们行为的道德准则。所以诚信不但是一种社会关系，更是一种社会价值观。它已理所当然地成为我国几千年的传统美德，所以诚实守信的人会得到大家的推崇和信任，失信的人则将受到孤立和谴责。道德成本具体指因为失信导致社会信誉、名声等受损而付出的代价，主要指社会舆论的谴责，包括媒体的公开谴责，亲戚朋友蔑视的眼光，邻居、工作伙伴私下的指责等。一旦某人的失信行为被公开，那么他周围的人对其会很反感，甚至深恶痛绝。心理成本，是指因为失信所导致的心理压力、自责、恐惧等。它是从失信者本人的角度考虑的，而道德成本是从别人怎样对待失信者的角度考虑的，它们考虑的角度不同。

诚信与心理学有着千丝万缕的联系，任何人在守信与失信的选择上都经历过内心的挣扎。如果他们选择了失信，若没有被发现，他们会窃喜，但是随之而来的是来自他们内心的自责和被他人发现的恐惧，这会长期地缠绕着他们。对于心理承受力差的人来说，心理成本会带来非常严重的后果，多疑、精神失常是主要表现。

这里的间接成本，是指因为失信行为的经常发生，导致整个诚信环境的恶化而引起的失信成本。也就是说，并不是人们因为失信应该直接付出的成本，而是因为失信所导致的成本增加，更明确地说——是为防止失信而发生的成本，是不必要的社会成本的浪费。失信成本与其成正比。间接成本包括两方面：交易成本和管理成本。交易成本包括情感成本和谈判成本。在一个诚信环境恶化的环境中，交易道德水平会下降，所以，在交易活动中会出现大量的自利动机和行为，同时因为利益冲突在所难免，所以自利行为的存有就会使双方摩擦增大甚至反目成仇，致使双方都付出较大的情感成本。同样，如果交易双方缺少信任，在谈判过程中就会为了防止受骗，总是想方设法增加一些限制对方的条款，不惜在一些枝节问题上无休止地争执，甚至不惜人力、时间搞“情报战”“间谍战”，无形中增加了谈判的时间成本和人力成本，这就是谈判成本。管理成本是指在诚信缺失的环境中，交易过程的正常运行变得异常困难，人们会利用“讨债组”“打假队”等来防止对方失信行为的发生，增加了开支，造成管理成本的急剧上升。

在现代社会，每一个行为主体都担负着基本的社会责任，而实现社会责任的手段是社会契约，诚信即是社会契约得以实现的基本要素。因此，加强诚信建设对于个人、企业、社会乃至国家都可谓意义重大。从宏观上讲，诚信建设是构建良好社会秩序的支柱，是促进经济繁荣的基石，也是维护国家国际形象的题中之义；从微观上讲，它不仅能够维护正常的生产生活秩序，也有利于从根本上铲除滋生唯利是图、坑蒙拐骗、贪赃枉法等丑恶和腐败行为的土壤。

活动与训练

诚信与合法劳动意识训练·活动与训练

信任背摔

【目标】

本训练活动，旨在训练学生在责任心、相互信任、团队协作和挑战自我等方面的素质与能力，进而培养学生的劳动协作意识，增强其社会责任感，尊重并信任他人，形成积极担当与诚信合作的劳动意识。

【任务】

（1）扮演承接者角色时要伸直胳膊，掌心向上，和其他承接者合作，保证跌落者安全。

（2）扮演跌落者角色时，要双腿双臂夹紧，身体挺直，按照监护员要求倒下。

【准备】

（1）最好在体育场，需要约 1.5 米高的高台。

（2）若在室内，也可以用桌子代替。

（3）最好有较大的场地，方便列队和活动。

【行动】

（1）游戏活动开始之前，让所有学生摘下手表及带扣的腰带等尖锐物件，并把衣兜掏空，以确保人身财物安全。

（2）选两个学生，一个作为跌落者由高处跌落，另一个作为监护员，负责管理整个游戏的进程。

（3）让其余人在平台前面排成两列，队列和平台形成一个合适的角度，如垂直于平台前沿。这些人将负责承接跌落者。他们必须肩并肩从低到高排成两列，相对而立。要求这些人向前伸直胳膊，交替排列，掌心向上，形成一个安全的承接区。他们不能和对面的队友拉手或者彼此攥住对方的胳膊或手腕，因为这样承接跌落者时，很有可能相互碰头。

（4）监护员的职责是保证跌落者正确倒下，并做好充分准备，能直接倒在两列学生之间的承接区上。因为跌落者要向后倒，所以他必须背对承接队伍。监护员负责保证跌落者两腿夹紧，两手放在衣兜里紧贴身体；或者两臂夹紧身体，两手紧贴大腿两侧（这样能避免两手随意摆动）。跌落者下落时要始终挺直身体，不能弯曲。如果跌落者弯腰，后背将会伤害某些承接员—— 他们有可能会被砸倒在地。监护员保证，跌落者头部向后倾斜，身体挺直，直到他倒下后被传送至队尾为止。

（5）监护员还要负责察看承接队伍是否按个头高低或者力气大小均匀排列，必要时让他们重新列队，并且要时刻做好准备来承接跌落者。

（6）监护员应该让跌落者知道他什么时候倒下。听到监护员喊“倒”之后，他才能向后倒。

（7）队首的承接员接住跌落者以后，将其传送至队尾。

（8）队尾的两名承接员要始终抬着跌落者的身体，直到他双脚落地。

（9）刚才的跌落者此时变成了队尾的承接员，靠近平台的承接员变成了台上的跌落者。循环下去，让每个学生都轮流登场。别忘了让监护员和队友交换角色，让他也能充当承接员和跌落者。

（10）如果有人不愿意当跌落者，不要逼迫或者戏弄他们。尽量要求所有学生都充当一次跌落者，但若确实有人不愿意，可以只让他在平台上，面对承接队伍站一会儿，然后跳下来（到承接队尾，好像他刚跌落完毕）。或许他会改变主意，愿意当跌落者。切记：尽量要求每个学生参加，但不要强迫他们。

（11）活动完成后，跌落者和承接员的代表分享活动感受和心得，如大家最初对游戏有何认识？参加游戏之后有何感受与启发？

（12）教师进行总结与点评。

【评价】

要求：以鼓励参与和信任、协作状况为评价主体内容。彼此之间的互相信任和团队协作是一种非常巨大的精神力量，能够激发团队向更高、更大、更强的目标前进。信任一旦建立，团队成员就会感觉到工作氛围轻松愉快，人际关系和谐融洽。填写表 1-2“信任背摔”活动评价表。

表 1-2　“信任背摔”活动评价表

评价内容	同学互评	教师评价
游戏态度勇气		
任务完成质量		
团队协作程度		
分工信任情况		

这个游戏的关键在于跌落者要完全信任承接员，承接员要不辜负跌落者的信任。游戏中你会发现总有人起初很害怕，不敢去尝试信任别人。

责任心，是指个人对自己、对他人、对家庭、对社会所负责的认识、情感和信念，以及承担责任和履行义务的自觉态度。一个人只有有了责任心才能够实现自己的承诺，才能够正视困难、勇往直前，才能够得到别人的尊重，树立高尚的人格。

活动与思考

1．举例说明失信的言行。

2．个人诚信度测试。

诚信度总分＝学习诚信评价得分 ×40%＋经济诚信评价得分 ×20%＋生活诚信评价得分 ×20%＋择业诚信评价得分 ×20%

根据测评的得分，个人诚信度可分为以下四个等级。

A（95～100 分）：诚实守信，具有良好的道德品质，具有模范作用。

B（80～94 分）：需要进一步约束自己的行为，力争做到诚实守信。

C（60～79 分）：经常有不诚实守信的行为发生。

D（<60 分）：不能做到诚实守信，情节严重。

（1）学习诚信评价（基础分 100 分）。

学习诚信中可能出现的不良行为	扣分标准
抄袭作业	5 分 / 次
考试作弊	20 分 / 次
上课迟到或早退	2 分 / 次
抄袭论文	20 分 / 次
其他	他人评价

备注：原始 100 分，对出现的不良行为根据次数累计扣分。

（2）经济诚信评价（基础分 100 分）。

经济诚信中可能出现的不良行为	扣分标准
学费、住宿费、书费未按时交纳	10 分 / 次
助学贷款不按时还款、还息	20 分 / 次
其他借款、借物到期不还	10 分 / 次
弄虚作假，骗取困难生补助	30 分 / 次
其他	他人酌定

备注：原始 100 分，对出现的不良行为根据次数累计扣分。

（3）生活诚信评价（基础分 100 分）。

生活诚信中可能出现的不良行为	扣分标准
隐瞒健康情况或出具假健康证明（献血）	20 分 / 次
使用违禁电器及危险品	10 分 / 次
学生干部不尽职，不参加集体活动	10 分 / 次
在教室的桌椅及墙壁上乱写乱刻	10 分 / 次
在禁烟区吸烟	10 分 / 次
浏览非法或不健康网站	10 分 / 次
其他	他人酌定

备注：原始 100 分，对出现的不良行为根据次数累计扣分。

（4）择业诚信评价（基础分 100 分）。

择业诚信中可能出现的不良行为	扣分标准
自荐书内容不属实	20 分 / 次
就业合同不履约	20 分 / 次
择业中的不正当竞争行为	20 分 / 次
其他	他人酌定

备注：原始 100 分，对出现的不良行为根据次数累计扣分。

3. 按照上面的评价体系为自己在校期间的诚信做一评价，你能获得哪个等级呢？

4. 为了提高和积累个人信用，你准备怎样做？

5. 劳动实践项目：“诚实劳动 诚信经营”主题宣传活动。

项目二

日常生活性劳动——劳动创造美好生活

劳动教育箴言

劳动可以使我们摆脱三大灾祸：寂寞、恶习、贫困。

——歌德

青春啊，永远是美好的，可是真正的青春，只属于那些永远力争上游的人，永远忘我劳动的人，永远谦虚的人！

——雷锋

勤工俭学的意义还在于它能够培养和发挥青年的创造性和才能，如果我们给青年安排一条轻便的道路，他们只需饭来张嘴，上课就念书，什么也不管，这样我们就会害了青年，会使聪明人也变成傻瓜。

——徐特立

训练目标

自觉开展日常生活劳动，自我管理生活，提高劳动自立自强的意识和能力，养成良好的日常劳动习惯。

行动导向

1. 清洗衣物时如何分类？
2. 烹饪时如何选择调料？如何控制火候？烹饪安全涉及哪些方面？
3. 居家清洁小技巧有哪些？如何快速去除地板和玻璃上的污渍？
4. 自我生活管理有哪些内容？如何有效管理自己的时间？

任务一　自立自强的劳动精神训练

日常生活性劳动是指可以满足生活需求的劳动，如做饭、缝补、洗衣服、清洁等。大学生应经常参与这些劳动，如果不参与这些劳动，养成过分依赖父母、独立性差、生活自理能力差、劳动观念淡薄等不良习惯，就会给自身的成长和发展带来不利的影响。

案例与故事

疫情期间做家务，在劳动中成长

来自武汉科技大学文法学院的秦某，在新冠肺炎疫情期间，为父母分担家务，帮妈妈做饭，给弟弟辅导作业。

秦某的父母因工作忙，经常很晚回家，她就承担起做饭的任务，有时候煮一锅浓浓的小米粥，做几个小菜；有时候给家人煎鸡蛋，蒸几个馒头。秦某的妈妈说："每次回家能吃上闺女做的热腾腾的饭菜，顿时就不觉得累了。"

"之前远在学校读书，并不知道爸妈是怎么照顾弟弟的。现在知道他们白天要上班，晚上回来要照顾弟弟，还要做饭、打扫卫生。在家的几个月，我深切感受到了父母养儿育女的辛苦。"秦某说。

（资料来源：阎惠丽，暨星球，詹波，2020. 高职生劳动素养教育［M］. 成都：电子科技大学出版社.）

知识与能力

"一屋不扫，何以扫天下。"只有从一根线、一粒米的小事做起，由近及远、由小及大，成长的基石才能一层层夯实，人生的扣子才能一粒粒扣紧。

一、衣物清洁

自立自强的劳动精神训练·知识与能力

1. 清洗应分类

清洗衣物时，不仅要按颜色分类，还要按材质、种类分类。衣物按颜色可分为纯白色、浅色（包括带白色条纹的衣物）、深色（黑色、蓝色、褐色等）、艳色（红色、黄色、橙色等）四类进行清洗；材质方面，一定要将毛绒多的衣物（毛巾、毛衣、灯芯绒衣物等）和容易起球的衣物分开洗，避免把衣物洗坏；贴身衣物，如内裤、秋衣裤等，要单独洗涤。

拓展阅读

贴身衣物清洗小贴士

1. 手洗更健康

首先，洗衣机的内壁和滚筒里藏有许多污垢和细菌，贴身衣物在机洗过程中容易受到污染；其次，贴身衣物一般相对较小，手洗会洗得更加干净、彻底。

2. 肥皂更安全

肥皂具有良好的杀菌去污效果，且不伤皮肤，是手洗贴身衣物的首选。如果有条件，还可以选购超市中专门用于清洗贴身衣物的内衣皂，这种肥皂的抑菌效果更好，性质更温和。

3. 禁用消毒液

消毒液虽然具有很强的杀菌消毒能力，但对皮肤的损害很大，在清洗贴身衣物时，应尽量避免使用消毒液。

（资料来源：刘英武，邓鲜艳，2020. 大学生劳动素养教育［M］. 长沙：湖南大学出版社.）

2. 水温应适宜

通常来说，水的温度越高，去油渍效果越好。但要注意，并不是所有材质的服装都适合用热水洗，洗东西的时候要先看洗涤说明再清洗。一般情况下，贴身衣物、床单等要用 60℃以上的热水洗，丝质、羊毛织物等物品应用冷水洗。

3. 衣物应后放

洗衣服时，应先放水和洗衣液，并进行搅动，待洗衣液充分溶解后再放入衣物。这样洗衣服，不仅能让洗衣液更好地发挥作用，还能避免衣物上留下洗衣液的印记。

4. 洗衣液用量应适度

在使用洗衣液前，应先阅读洗衣液的使用说明，明确洗衣液与水的比例。洗衣液的用量过少，将无法达到去污效果；洗衣液的用量过多，不但会浪费资源，还会产生残留。

5. 洗衣机切忌塞满

有的人喜欢积攒脏衣服，洗衣服时把洗衣机填得满满的，以为这样既省事又省水、省电。殊不知，这样不但容易洗不干净，还会缩短洗衣机的使用寿命。衣物体积最多不能超过洗衣机内筒体积的 2/3。

拓展阅读

让孩子做家务，就像小鸟要学习展翅一样

2020 年 1 月，湖北襄阳一位刘女士在朋友圈招聘保姆照顾自己上大学一年级的女儿，引发网友的热议。刘女士称自己平时很忙，没有时间照顾女儿，女儿虽然上大学了，但是从小没有做过家务，所以想找一个保姆照顾她。

其实，一般钟点工的小时工资为 20～50 元，假设刘女士是给自己家里请保姆，绝不会有人说三道四。那么，刘女士的做法到底是哪里不对，才会惹来争议？其实，比较容易引发反感的关键词是“大学生”和“从小没做过家务”。大学生过的是集体生活，属于自己的“一亩三分地”也就是宿舍里的书桌和床，所谓家务活无非就是生活自理罢了。如果这些事都不会做、不愿做，称为“低能”也不为过，而“从小没做过家务”的说法，更说明这个家庭对何为教育完全不懂。

家务劳动和各种学校课程一样，都应当属于从小就得学习的必修课。哈佛大学曾进行过一项历时70多年的“格兰特研究”，探讨一个人的成功因素究竟是什么。结论是，如果我们关心孩子们的职业成功，那么就要为孩子们提供两个基础：爱和家务活。

如果你不想成为“废柴”，就应该学做家务，就像小鸟学习飞翔一样自然。

（资料来源：陈阳，2020．母亲为大一女儿招聘保姆，看到条件，网友坐不住了！［EB/OL］．（2020-01-06）［2021-04-08］．https://baijiahao.baidu.com/s?id=1654963394979066059&wfr=spider&for=pc.）

二、烹饪基础

1．烹饪原料

烹饪原料可分为蔬菜、水产品、畜禽产品、粮食作物和果品五类。

（1）蔬菜是人体维生素、矿物质和膳食纤维的主要来源。

（2）水产品富含蛋白质、脂肪、矿物质和维生素。

（3）畜禽产品是人体优质蛋白、脂类、脂溶性维生素和B族维生素的主要来源。

（4）粮食作物是谷类作物、薯类作物和豆类作物的总称。谷类作物主要为人体提供淀粉、植物蛋白、维生素等，薯类作物主要为人体提供淀粉、维生素等，豆类作物主要为人体提供蛋白质、脂肪等。

（5）果品主要为人体提供维生素、矿物质和人体所需的微量元素。

2．烹饪调料

没有调料，就无法做出色、香、味俱全的食物。烹饪常用的调料主要包括以下五种。

（1）咸味调料。在烹饪应用中，咸味是主味，也是绝大多数复合味的基础味，有“百味之主”之说。不仅一般菜品离不开咸味，就是糖醋味、酸辣味等也要加入适量的咸味，才能使其滋味浓郁、适口。咸味调料包括酱油、食盐等。

（2）甜味调料。甜味调料在烹饪中可单独用于调制甜味食品，也可以参与调剂多种复合味型，使食品甘美可口，还可用于去苦、去腥等。在我国饮食中，南方菜肴应用甜味较多，以江苏的无锡菜用甜味最重，素有“甜出头，咸收口，浓油赤酱”之说。甜味调料包括蜂蜜、食糖、饴糖等。

（3）酸味调料。酸味调料在烹饪中应用得十分广泛，但一般不宜单独使用。酸有收敛、固涩的效用，可助肠胃消化；还能去鱼腥，解油腻，提味增鲜，生香发色，开胃爽口，增强食欲，尤宜春季食用。酸味调料包括醋、番茄酱等。

（4）辣味调料。辣实际上是化学物质（如辣椒素、姜酮、姜醇等）刺激细胞，在大脑中形成了类似于灼烧的微量刺激的感觉，不是由味蕾所感受到的味觉，而是一种痛觉。不过由于习惯，人们也把它当作一“味”。辣味调料包括花椒、辣椒、姜、葱、蒜等。

（5）鲜味调料。鲜味是人们在饮食中努力追求的一种美味，它能使人产生一种舒服愉快的感觉。鲜味主要来自氨基酸、核苷酸和琥珀酸，大多存在于肉畜、鱼鲜、禽蛋等主料中。味精、虾籽、鱼露、蚝油、鲜笋等食物也可以提鲜。鲜味不能单独存在，只有同其他味配用，方可烘云托月、交相生辉，故有“无咸不鲜”“无甜不鲜”的说法。鲜味调料包括鱼露、味精、蚝油等。

3. 控制火候

火候的控制，主要是指根据不同的原料采用不同的火候，控制好火力的大小及用火的时间。烹饪时的火候一般根据以下两种方式确定。

（1）根据原料的质地确定。原料质地较软、嫩、脆的，多用旺火速成；原料质地较硬、老、韧的，多用小火长时间烹调。

（2）根据烹调的技法确定。炒、爆、烹、炸等技法多用旺火速成；烧、炖、煮、焖等技法多用小火长时间烹调。

4. 烹饪安全

1）用火安全

在利用燃气灶等明火烹饪食物时，应注意以下四点。

（1）烹饪过程中不要远离厨房，以防汤水溢出浇灭燃气灶火苗造成燃气泄漏事故。

（2）厨房内禁止存放乙醇、汽油等易燃危险物品，以免引起意外失火。

（3）保持燃气灶周围空气流通。

（4）若闻到燃气味，怀疑燃气泄漏，应立即关闭燃气阀门和附近的火源，同时打开门窗进行通风，注意不要开关任何电器，包括手机。若燃气味强烈，则应立即外出打电话报警，并通知邻居疏散。

2）用电安全

在用电饭煲、电磁炉等电器烹饪食物时，应注意以下两点。

（1）不得用湿手接触电器及电器装置，以防触电。

（2）电器用完后，应立即关掉开关并拔下插头，防止电器因长时间通电而损坏。

3）烹饪工具的使用安全

在使用烹饪工具的过程中，应注意以下三点。

（1）玻璃器皿、瓷器不能摆放在台面边缘，以免摔破伤人。

（2）在使用刀具前，应检查其是否存在裂纹、松柄、锈蚀等现象，避免在使用过程中发生意外。

（3）刀具在使用完后，应插入刀套或刀架内，不得放在操作台边缘及过高处，以免坠落伤人。

4）其他注意事项

除上述注意事项外，在烹饪时，还应注意以下三点。

（1）烧制饭菜时，锅内的液体不宜过多，以免溢出引发意外。

（2）在拿刚蒸好或烤好的食物时，应戴隔热手套。没有隔热手套的，可用干毛巾代替。

（3）为减少烹饪过程中高温油飞溅，应提前滤干食材的水分。

三、居家清洁

1. 扫地

（1）清扫室内地面宜用按扫的方式，即扫地时扫帚尽量不离地面；挥动扫把时，可稍用力向下压，这样既能把灰尘、垃圾扫净，又能防止灰尘扬起。清扫时，一般采用从狭窄处扫向宽广处、从边角处扫向中央处、从屋里扫向门口的清扫顺序。

（2）地上头发多时，可将废弃的旧丝袜套在扫把上扫地。由于丝袜会和地面产生静电效应，很容易就能吸附地上的毛发和灰尘。如果没有丝袜，塑料袋也可以起到同样的效果。

（3）清扫楼梯时，可以站在下一阶，将垃圾从左右两端扫至中央再往下扫。这样能有效防止垃圾、灰尘从楼梯旁掉下去。

（4）清扫室外区域时，应顺着风向扫，以免扫好的区域被再次弄脏。

2. 拖地

（1）巧用食盐。用温水加上食盐拖地，不仅能加快地上水分的蒸发速度，还不留水渍。另外，用盐水拖地还能杀菌、抑菌。

（2）巧用洗洁精、醋和小苏打。在擦洗地板的水中加入少量洗洁精、醋或小苏打，擦洗地板时不仅能轻松除尘，还能有效去除油污。

（3）巧用柠檬汁。柠檬汁中的烟酸和有机酸具有杀菌作用。拖地的时候，在水里加少量柠檬汁或柠檬精油，既能有效杀菌，还能保持空气清新。

3. 玻璃清洁

（1）用湿布蘸一点醋擦拭玻璃，可轻松去除玻璃上的灰尘和污渍。

（2）若厨房玻璃上的油污较厚，清理时可先将清洁剂均匀涂抹在玻璃上，然后贴上一层保鲜膜，让玻璃上的油污充分软化。过几分钟后，将保鲜膜撕掉，再用湿布擦拭，即可让玻璃焕然一新。

（3）对于长时间没有打理而积灰很厚的玻璃，可先用湿抹布擦一遍，然后再用干抹布蘸少许白酒擦拭清理。

（4）对于冬天结霜的玻璃，用抹布蘸少许白酒或盐水擦拭能将玻璃窗清理干净，而且不留下任何痕迹。另外，也可以用钢丝球轻轻将玻璃上的霜去掉，再用干布擦拭清理。

活动与训练

为家人做一顿美味营养餐

自立自强的劳动精神

训练 · 活动与训练

【目标】

通过本次训练活动掌握做饭这项基本生活技能，体会劳动的快乐。

【任务】

为家人做一顿美味的营养餐。

【准备】

地点：厨房。

材料和工具：烹饪原料和调料、烹饪工具等。

【行动】

（1）了解家人的饮食喜好。

（2）去超市或菜市场准备食材。

（3）为家人做饭。

（4）将做饭过程录成小视频。

【评价】

填写表 2-1“为家人做一顿美味营养餐”活动评价表。

表 2-1　“为家人做一顿美味营养餐”活动评价表

评价内容	同学互评	教师评价
菜肴营养、健康		
搭配均衡		
菜式好看、色泽明亮		
美味可口		
视频剪辑精美		

活动与思考

1. 你在家都做哪些家务，有哪些家务小妙招分享给大家？

2. 根据自己家庭的具体情况制订家务劳动计划，并严格执行计划。用 PPT 或短视频的形式记录劳动过程，并在班级内展示。

3. 劳动实践项目：整理宿舍内务。

任务二　自我管理的劳动习惯训练

案例与故事

对大学的首要认识：学会自我管理，管理自我的大学

我叫逸飞，大学一年级新生。我一直在问：大学是什么？是我们在中学考场上连年征战后占领的一块圣地？是终于可以摆脱父母的唠叨和老师的压迫的自由？是可以放开胆子“只要让自己高兴，什么都可以不怕”的气魄？是站在过去的成绩上恣意挥霍现在，享受美好的黄金时代？这些都曾经是我想象中的大学，可现实完全不是那么回事儿。

到了大学，远离父母，老师也管不着你，你确实可以做任何你想做的事。但是，这样的自由带给我们的将会是什么呢？大学以前可能我们都会这么想：我要好好学习，决不能辜负父母、老师对自己的希望。这也是自我价值的一种体现方式吧。一个对自己负责的人绝不会感觉大学是轻松的，因为他不是来混日子的。大学之后面临的是就业压力。我必须在就业之前，在大学中学习尽可能多的知识与技能，以增加自己今后在社会中就业的筹码。没有了老师的安排，大段大段的空余时间使我充满了不知所措的危机感，我不知道此刻自己的放松会和别人拉开多大的距离。所以，大学这个词带给我的不仅仅是学习这么简单，还有对人生的思考，对社交能力的磨炼。这对我来说，绝不是一个轻松的挑战。

面对我所在的中医药大学生活的挑战，我一度非常恐惧。同学们挥洒自如的个人展示，在我看来如天堑鸿沟那样难以逾越。太在意他人的目光导致我失掉了主见，仿佛自己是因为别人而存在，找不到生活的目标与价值。的确，我来这所大学是带着梦想的，但过分追求也许会导致过刚而易折的结果。大学的学习方式与高中有很大的不同，自主性非常强，课程是自己选的，学习时间是自己分配的，当然课程的难度也随之增加，在刚开始一个月的学习中，我对中医基础理论已经有点害怕了，若是上课前不提早预习，老师的讲课进度我很难跟上，这样课堂学习的效率就会大大降低。其实大学的所有课程都是一样的，老师不再带着我们学习，而仅是给我们开了扇门，需要我们在课后进行更多的自主学习。此外，大学学习的主要目的是拓宽自己的知识面，不仅要学习专业知识，还应学会利用学校为我们提供的丰富资源。例如，图书馆里有很多藏书，我们应该好好利用它提高自己。在这个高速发展的社会中，狭隘的知识面会给人很大的束缚，因此对于我这个工科生，多学习人文方面的知识也是非常必要的。

大学是一个小社会，在这里，我们要尽力提升各方面的能力，同时注重自身品德的修养，为将来走向社会打好基础。平时不能仅埋头读书，应多参加各种志愿者活动及社团活动，在其中，我们能得到在真实社会中的工作经历，而犯错误所需承担的代价却远比社会上低。大学期间有很多难得的锻炼的机会，千万不能在无所事事或死读书中错过，尽管有些工作我们做起来有难度，但不要轻言放弃。刚来大学我感觉到人与人之间的交往没那么密切了，班主任、辅导员、同学都不经常碰头，一起上课的同学也是偶尔才遇到，这与以前同班同学热热闹闹在一起的状况有着天壤之别，但这也正是在考验我们的人际交往能力。多主动与人交流后就发现其实大家都很热情，同时自己也增长了不少见识，做一个闷葫芦是很难拓宽自己的人际圈的。

所以，我逐渐认识了大学，我感悟到：大学需要自我管理，管理自己的时间、行动、心态、社交、学习与娱乐等。

（资料来源：左志富，2017. 大学生职业发展与就业指导训练教程［M］. 北京：现代教育出版社.）

自我管理的劳动习惯训练·知识与能力

一、学习管理

学习管理也叫学业管理。学习管理是大学生最基本、最重要的自我管理。大学的学习特点与中学时代相比已发生了明显的变化：学习内容相对深奥和广博，学习方法上不仅要明确“学什么”，更要掌握“怎么学”；学习环境相对自由独立，培养自学能力是关键，学习态度上须由“要我学”转到“我要学”。

个人的学习力，不仅包含它的知识总量，即个人学习内容的宽广程度和组织与个人的开放程度；也包含它的知识质量，即学习者的综合素质、学习效率和学习品质；还包含它的学习流量，即学习的速度及吸纳和扩充知识的能力；更重要的是看它的知识增量，即学习成果的创新程度以及学习者把知识转化为价值的程度。

学习力有以下三个要素。

（1）学习动力，是指自觉的内在驱动力，主要包括学习需要、学习情感和学习兴趣。

（2）学习毅力，即学习意志，是指自觉地确定学习目标并支配其行为克服困难以实现预定学习目标的状态。它是学习行为的保持因素，在学习力中是一个不可或缺的要素。

（3）学习能力，是指由学习动力、学习毅力直接驱动而产生的接受新知识、新信息并用所接受的知识和信息分析问题、认识问题、解决问题的智力，主要包括感知力、记忆力、思维力、想象力等。相对于学习动力和学习毅力而言，它是基础性智力，是产生学习力的基础要素。

拓展阅读

自主学习能力提升的方法

在知识日新月异的今天，我们强调以能力为中心的学习大大优于以知识为中心的学习。原因有两点：第一，获得知识靠能力。由于知识爆炸，知识更新的速度非常快，大学毕业没几年，大学期间所学的很多知识就会过时。有了获取知识的能力，我们的知识才能跟上时代前进的步伐。第二，运用知识靠能力。知识是死的，只有具备运用知识的能力，才能使知识活起来，才能解决实际问题。

那么，如何学习和提高自主学习的能力呢？

1. 明确学习的目的和目标

每个人的时间和精力毕竟有限，面对庞杂的知识和信息，难道都需要我们去学习吗？回答当然是否定的。因为对个体而言，并不是所有的知识都是有用的，也不是所有的信息都含有知识，学习的目的是为了致用，不是为了学习本身。

因此，我们每个人在开始学习之前都应该有一个明确的目标。这个目标是与自身职业生涯发展的目标相一致的。个体的职业目标决定了学习的范围、领域和内容，同理，个体的学习生涯也在一定程度上决定了职业生涯的发展。没有目标的学习是盲目的，而且难以真正激发学习的兴趣和内在动力，更加难以持久。兴趣是活动的内在动力，是形成能力和专长的条件，会使学习变得更加专注和持久。学习的确是艰苦的脑力劳动，但兴趣能使其变成愉快的经历。

2. 保持“空杯心态”

两个一样大小的杯子，一个注了一半的水，另一个是空的。现在往里面注水，显而易见，空杯子能被注入更多的水。然后我们把原来空杯子里的水倒空，它可以继续被注入水，而原来半杯水的杯子经过一次注水之后再也倒不进水去了。学习就是这样，如果你认为自己的知识已经足够丰富或者只欠缺一点，你就会像那只装有一半水的杯子一样，只能接受很少的知识和技能便止步不前。只有那些时刻自省还有很多知识和技能要学的人，才能像空杯子一样，不断被注入新的知识和信息，而已经学到的知识和能力，也不会像那些倒出来的水一样白白流走。

3. 学会创造性学习

学习能力可以分为维持性学习能力和创造性学习能力两种类型。维持性学习也就是我们通常所说的继承性学习，即简单地继承过去已有的知识，学习的广度在时间方面表现为历史上的纵深发展，在空间方面表现在现实上的横向无边。创造性学习最大的特点是面向未来世界走向、伴随时代发展潮流，一方面能够根据我们的创造需要主动地进行学习，另一方面又能够进行知识的重组与创造。

传统的学习大多属于继承性学习，重视理论知识和前人的经验。不能否认，这种学习方式在保持了人类知识的积累与延续方面发挥了很大的作用，但是它也存在方法不科学、效率较低、内容单调等问题。现代职业人的学习，更多的应该是创造性学习。创造性学习首先要有明确的目的，强调学习的实用性。创造性学习不能轻信理论，要善于思考，对任何问题都要有自己的见解；创造性学习要自觉地结合工作实践，在实践中加深对知识的理解和应用；创造性学习要通过不断对知识进行分类、加工、整理、归纳，把所学知识变成自己的；创造性学习更注重学以致用，创新使用。

4. 拓展学习渠道，优化学习方法

1）在阅读中学习

书籍是知识的主要载体之一，阅读是最常用的学习方式。当博览群书变得异常困难的时候，在有限时间里阅读真正的好书，是提高学习效率的开端。学会透过书籍平实的表面，发现其中知识的含量和思想的光辉，是选择书籍的重要标准。快速阅读则是提高学习效率的关键。快速阅读只需要通过眼睛和大脑两个功能的信息处理环节，通过眼睛对信息的快速浏览检索，迅速发现有用信息，并经过大脑快速分析与处理，掌握其中最关键的信息。快速阅读需要经过有意识地刻苦训练才能做到，而且在阅读中还要改变从头到尾的阅读习惯，结合浏览、跳读、略读等方法，减少无用信息的干扰，抓住主要知识迅速吸收，提高学习效率。

2）在实践中学习

实际工作中经常会遇到需要解决的问题，在解决问题的过程中，经过观察与思考形成概念，并予以整理，在新环境中进行验证，取得实践经验，完成一个解决问题和学习的循环过程。同时，在不断地分析问题、解决问题的过程中，不仅能学习很多实用的知识，而且能提高解决问题的能力。

3）在信息处理中学习

信息不等于知识，信息中包含知识，但也有很多的无用信息，因此，对信息进行整理、分析、归纳才会收获知识。面对浩如烟海的信息，先要确定几个信息源，如收藏的经常需要登录的网页、现阶段重点订阅的几份报刊等。与目标关系不大的信息源，尽可以舍弃。然后需要对有用信息通过剪报、录入或扫描等方式进行整理，无论何种方式，都不要忘记建立有效的信息检索，以便使用时能够迅速找到。

4）在职场社交中学习

在人才济济的职场中，你的上司、同事、客户都有可能成为学习的对象。他们将是你身边生动的样板，取人之长补己之短，吸取他人的经验，增长自身的才干，这是不需要付费而又十分有效的学习方式，尤其是向已经取得成功的职业人学习，因为成功者一定有方法、有经验，更有教训。

在当今这个求职竞争日益激烈的浪潮中，身为正在求职路途中的一员，我们应该清晰地认识到：自主学习能力是我们能够在平凡中脱颖而出的秘密武器，只有具备了这种能力，才能提升我们的就业竞争力，也只有具备了这种能力，才能提高我们的职业发展力。21 世纪的学习，不再是被动狭窄的短期功利行为，而是贯穿于生命全过程的主动自觉的意识和生活需要。

（资料来源：李晓红，2012. 大学生职业生涯规划［M］. 北京：北京邮电大学出版社 .）

二、时间管理

生活中充斥着众多的生活事件，有时候忙于低头工作，常常忘了去区分这些事情哪些是重要的、哪些是紧急的、哪些是不重要的、哪些是不紧急的。如果你是一个完美主义者，就会要求自己把生活中的每一件事都安排得井井有条并高质量地完成，获得高评价，但这样做的结果是经常不能按时完成计划或者忘掉了某事。

实际上，在大学生活中，可以根据事件是否紧急、是否重要来给众多生活事件排序。以紧急程度为横坐标，以重要程度为纵坐标，可以看到四个不同的象限：第一象限是紧急且重要的事项，一般包括突发的重要任务、快到截止时间的任务或燃眉之急的任务，这类事件会让人感到压力很大，要立即、尽快去做，不要拖沓。第二象限是重要但不太紧急的任务，一般包括提升自己的计划、和朋友的情感沟通，这些对我们来说很重要，但不急于一时，对于这样的事项要制订好计划，按照计划淡定从容地完成。第三象限是不重要、同时又不紧急的事项，一般包括日常生活中的闲谈、应酬、看热闹等，要尽量减少在这类事项上的时间投入。第四象限是紧急但不重要的事项，如突来的干扰电话、需要尽快回复的 QQ 或微信，对于这类事项要学会快速完成或直接拒绝。总的来说，我们要区分好周围的各类事项是属于哪一类，自己要根据轻重缓急排出顺序，做好计划，这样才不会方寸大乱、碌碌无为。

三、人际管理

人际关系就是人们在生产或生活活动过程中所建立的一种社会关系，属于社会学的范畴，中文常指人与人交往关系的总称，也被称为“人际交往”，包括亲属关系、朋友关系、学友（同学）关系、师生关系、雇佣关系、战友关系、同事关系及领导与被领导关系等。人是社会动物，每个个体均有其独特之思想、背景、态度、个性、行为模式及价值观，然而人际关系对每个人的情绪、生活、工作有很大的影响，甚至对组织气氛、组织沟通、组织运作、组织效率及个人与组织之关系均有极大的影响。

人际交往是一门艺术，拥有成熟的人际交往技巧，将让我们的大学生活更加多姿多彩，而且会让我们的未来之路更加畅通。一般而言，人际交往包括建立人际关系的能力、说服影响他人的能力、团队合作与协调的能力、倾听与沟通的能力、冲突处理的能力等。在大学里，父母、同学、朋友、老师、恋人等构成了大学人际关系的主体，用心经营大学的人际关系，将收获温暖的亲情、纯美的友情，以及深厚的师生情等。

四、情绪管理

情绪智商（EQ）从英文 emotional intelligence 来看，它是一种“情绪智力”，或又译为“情绪商数”，是指管理情绪的能力，代表一个人能否适当地处理自己的情绪，它的意义包含了自制力、热忱、毅力、自我驱策力等。一个高 EQ 的人通常情绪稳定，不会因小事产生剧烈的波动，而且，在产生情绪反应时，能够恰当地处理自己的情绪，对事与对人能有合理的想法，同时表现出合宜的行为。从 EQ 的研究发现，与生活各层面息息相关的“情绪智商”，指的是我们个人在情绪方面的整体管理能力。

自我管理的劳动习惯训练·活动与训练

活动与训练

时间流水账

【目标】

通过时间流水账，发现自己在各种事件中所用的时间。

【任务】

检查处理各种事件所用的时间，找出时间浪费在哪里，并合理安排以后的时间。

【准备】

地点：无限制。

材料和工具：A4 纸、笔等。

【行动】

（1）根据自身实际情况，列出自己典型的一天生活，如表 2-2 所示。

表 2-2 我的典型的一天生活

事件	每天所花费的时间 / 小时	每周所花费的时间 / 小时	备注
睡眠（包括午休）			
吃饭（每日三餐）			
个人卫生（洗漱、洗衣等）			
个人学习或工作			
上网			

续表

事件	每天所花费的时间 / 小时	每周所花费的时间 / 小时	备注
阅读图书、报纸、杂志			
运动锻炼			
娱乐（看电视等）			
参加社团活动			
做社会工作和公益活动			
朋友聚会（聊天等）			
打电话发短信			
兼职工作（培训）			
其他			
总计	24	168	

（2）反思自己在哪些方面占用了大量时间，并列出改进计划。

【评价】

填写表 2-3“时间流水账”活动评价表。

表 2-3　“时间流水账”活动评价表

评价内容	个人评价	同学互评	教师评价
流水账是否详尽			
反思结果			
改进后的时间安排是否合理			

活动与思考

1. 你平时如何管理自己的时间？
2. 使用日计划表（表 2-4），将自己的想法落到实处，安排好自己的生活。

表 2-4　日计划表

年　月　日　星期　完成人：					
今日要完成的事项	重要性排序	计划完成时间	实际起止时间	是否完成	改进事项

3. 劳动实践项目：完成某项学业目标（如考过英语四级或某项职业资格证书）

项目三

专业职业性劳动——劳动实现职业理想

劳动教育箴言

弘扬劳模精神和工匠精神，营造劳动光荣的社会风尚和精益求精的敬业风气。

——《中国共产党第十九次全国代表大会文件汇编》

很多人认为工匠是一种机械重复的工作者，但其实，“工匠”意味深远，代表着一个时代的气质，与坚定、踏实、精益求精相连。

——任正非

劳动的发展必然促使社会成员更紧密地互相结合起来，因为它使互相帮助和共同协作的场合增多了，并且使每个人都清楚地意识到这种共同协作的好处。

——《马克思恩格斯全集》

训练目标

认识劳模精神、工匠精神和团队精神，认真体会劳模精神，并在日常生活中自觉践行、弘扬劳模精神，争当“劳模”。向大国工匠和高技能人才看齐，学习他们身上的工匠精神。认真体会工匠精神，自觉传承、践行工匠精神。认真体会团队精神，能在日常劳动中和他人合作。

行动导向

1．什么是劳模精神？如何弘扬劳模精神？
2．什么是工匠精神？大学生为什么要培养工匠精神？
3．团队精神的功能有哪些？如何践行团队精神？

任务一　爱岗敬业的劳模精神训练

克服困难迎面上，为老百姓做实事

银光村位于青铜峡市瞿靖镇西南10公里处，现有村民520户2139人，党员55人，耕地面积4500亩（1亩≈666.7平方米）。该村是出了名的“后进村”：淌水难、行路难，干部群众互不信任、互相埋怨，群众上访接连不断。因为“烂摊子”难收拾，村干部大多数干不长久，村党支部书记9年换了12任。

2012年9月，24岁的西吉娃张军明通过公开选聘，成为青铜峡市的“大学生村官”，在经过两个村的村书记助理岗位锻炼后，2013年2月，被组织派往银光村任职。

在张军明走马上任之初，“老大难”问题成篓成筐地现形，村民发难、干部作难更让张军明措手不及……

面对村民发难、干部作难、工作困难这样一个“三难”局面，张军明心想：坚决不能退却，只有迎难而上，多走、多看、多想、多问，真心实意地为村民着想，才能破解难题。张军明坚持深入了解群众诉求，与村民拉家常，倾听他们的诉说。

一年多来，张军明骑坏了2辆自行车，走访了460多户村民，详细了解每个农户的家庭情况和生产生活上存在的困难，村里的大事小事记满了整整2本“民情日记”，实现困难群众微心愿25个。张军明终于找准了“后进”的症结：村干部办事不公平、不作为，村级事务管理混乱，经济发展滞后，班子“软”，管理“乱”，经济“穷”，人心“散”。

为了甩掉“后进”的帽子，张军明从四个方面入手。一是诚心为群众“谋事”。张军明始终把村子的发展问题和村民的生产生活放在第一位，对村子的发展提前谋划盘算，他和班子成员经过大量的调研走访，确定了发展玉米制种、特色养殖和外出务工三大产业，成立了银光村农民专业合作社和劳务输出专业合作社，由过去分散经营向“合作抱团”方向发展。二是真心为群众“干事”。张军明从帮扶部门筹集资金5万多元，建立了便民服务站，为村民开展一站式代理服务。建立村干部每日坐班制，保证村民办事每天都有人接待受理。针对村里的文化活动单一的问题，张军明积极联系市文工团多次送戏下乡，农闲时组织村民看秦腔、看电影、免费为老党员照全家福，丰富了村民的文化生活。一年多来，为村民办理260多件实事。三是必须办“成事”。张军明充分发挥党代表作用，把每月10日确定为党代表和村民代表活动日，每到活动日大家共同商议村里的大事。一年多来，张军明积极跑项目、争资金，先后在农渠上做节水闸3座、修农路6条7.5公里、砌护农渠14条6000多米、搭建农桥4处、化解矛盾纠纷18起，有效解决了村民淌水难、行路难、公开难的问题。四是要做到“不出事”。不出事的前提是公平、公正、公开。为了能让村民直接参与村级事务管理，充分发挥村监会和村代会的作用，大小事情阳光办理，张军明组织村民推选产生了35名在村里有威望、有文化、有责任心的代表和5名村监会成员，对村级重大问题进行决策和全程监督。在每个生产队制作“明白墙”，在全村推行“阳光低保”，通过抓公开、抓民主、抓监督，清了集体的家底，亮了干部的箱底，明了群众的心底。

村民都在观察着这个“娃娃村官”的一举一动，慢慢地对张军明表示赞赏。凭着满腔热情和干劲，张军明的做法显现出效果，得到村民的认可，收获到村民的信任，大家也把他当成自家人了。

（资料来源：谢斌，2014. 大学生村官张军明：用汗水粘牢与村民的感情［EB/OL］.（2014-09-01）［2021-04-07］. http://www.dxscg.com.cn/zxts/201409/t1554667.shtml.）

知识与能力

爱岗敬业的劳模精神训练·知识与能力

在职场中，什么样的人能够脱颖而出呢？答案肯定是肯真抓实干、追求卓越，并且能够和他人和谐相处的人，这种人就是具备劳模精神、工匠精神和团队精神的人。

时代需要劳模，劳模引领时代。“幸福都是奋斗出来的”，“成就都是劳动创造出来的”，美好的蓝图要靠劳动者的汗水绘就，华丽的篇章要靠奋斗者用双手书写。新的时代和使命呼唤新的担当，作为大学生，我们要争当劳模，大力弘扬劳模精神，让劳模精神在新时代熠熠生辉。

“只要拥有一种纯粹为了把事情做到极致而忘我工作的欲望，我们每个人都会成为匠人。”真正的工匠精神，既不会在无聊反复的工作程序中自然天成，也非仅具天才之人才能攀此高峰，唯有“干一行爱一行”的职业追求，方得始终。

团队精神产生于团队之中，是团队中的个体基于共同的价值观念，为了实现集体的目标而采取共同行动，并在行动中展现出来的积极沟通、团队合作、相互支持、彼此负责、顾全大局的共同意愿和精神风貌。

一、劳模精神概述

“爱岗敬业、争创一流，艰苦奋斗、勇于创新，淡泊名利、甘于奉献”的劳模精神，生动诠释了社会主义核心价值观，是我们的宝贵精神财富和强大精神力量。

劳动模范是时代的先锋、民族的楷模，他们身上承载和彰显的劳模精神一直发挥着引领作用，丰富和拓展了中国精神的内涵，充分展现出我国新时代工人阶级和劳动群众的高度自信，已成为社会主义核心价值体系的重要组成部分。

劳模精神主要体现在以下几个方面。

1. 爱岗敬业、孜孜不倦

爱岗敬业是爱岗和敬业的总称，爱岗指热爱自己的工作岗位，热爱本职工作，这是职业道德的基础，它与敬业两者互为前提、相辅相成。即使面对的是乏味的、枯燥的工作，也能以一颗赤诚之心孜孜不倦地投入其中。

2. 争创一流、勇当源头

争创一流，就是要做得比其他人强，敢于争当标兵，敢于做他人的榜样；勇当源头，就是要进行大胆的尝试，有勇气、有决心，排除万难、勇于开创。劳模就是凭借这样一种精神，在自己的工作岗位上刻苦钻研，让平凡的工作成为自己崇高的事业。

3. 艰苦奋斗、顽强拼搏

艰苦奋斗、顽强拼搏，自古以来就是中华民族的传统美德。勤劳勇敢的中国人民正是凭借这种精神，让饱经沧桑的中华民族屹立于世界的东方。在建设中国特色社会主义现代化的进程中，艰苦奋斗、顽强拼搏的精神在劳模们身上彰显得更加明显，更加突出。

4. 淡泊名利、甘于奉献

观察劳模，我们就能发现他们身上具有的淡泊名利、甘于奉献的特质，不论眼前的事物多么纷繁，他们总是能穿越迷雾，坚定地向自己心中设定的目标前进、奋斗。心无杂念，淡泊名利，宁静致远，劳模们用他们的实际行动诠释着一名普通劳动者应该有的人生态度。

5. 砥砺奋进、开拓创新

劳模精神永不过时。无论时代怎样变迁，劳动模范始终都是时代的领跑者，是时代最为蓬勃向上的力量。新时代涌现出越来越多的智慧型劳模和创新型劳模，他们开拓创新、刻苦钻研、勇于担当，不断谱写时代发展新篇章。

拓展阅读

用技术挺起中国建造的“脊梁”

也许你并不认识中国建筑集团有限公司（简称“中建集团”）旗下中国建筑第三工程局有限公司（简称“中建三局”）的总经理、总工程师张琨，但提起中央电视台新台址、北京第一高楼“中国尊”，或许大家并不陌生。这些享誉国内的摩天大厦，凝聚着他的拳拳匠心。从业36载，张琨4摘国家科技进步奖，85次获国家发明专利，从一名基层技术员成长为敢与国际顶尖对手抗衡的科技专家，挺起中国建造的“脊梁”。

填补国内空白

1982年，20岁的张琨从重庆建筑工程学院毕业，入职中建集团旗下的中建三局，成为一名技术员。酷爱钻研的张琨，一边参与各类新型建筑实践，一边不断用新知识装备自己。早在1996年，很多施工单位还在手工绘图时，张琨就开始自学三维动画技术。

2000年，深圳文化中心钢结构工程处于招标筹备阶段，日本著名设计大师巧妙赋予其“黄金树”的造型——67个铸钢节点没有一个相同，最复杂的节点伸出的接头多达10个。

面对这个集设计计算、铸造工艺、安装工艺于一体的综合课题，时任中建三局钢结构公司总工程师的张琨迎难而上，认真学习铸造行业基本知识，多方查找信息，一遍遍设计，一遍遍修改，一次次试验，终于摸索出一整套关于多支管结构铸钢节点的设计、验算、铸造及树枝结构安装、测控、焊接技术……仅用一年，就把图纸上错综复杂的“树枝状”线条变成了“铁”的事实，使中国企业以低于外方十分之一的报价，成功拿下“黄金树”。更重要的是填补了国内技术的空白，从此中国钢结构施工水平跨入国际先进水平行列。

贡献“中国智慧”

2015年，中建集团中标“中巴经济走廊”最大交通基建项目——巴基斯坦PKM项目（苏库尔—木尔坦段），全长392公里，全线按照双向6车道、时速120公里标准设计，合同额28.9亿美元，是中建集团海外史上最大的项目，工期36个月。

张琨带领项目技术团队聘请巴基斯坦高速公路专家作为我方顾问，多次与业主沟通解释中国规范的合理性，说服业主接受中国设计测量、施工材料、质量管控、智能交通等标准，并积极开展技术创新引领施工生产。采用的无人机航拍摄影并矢量化成图技术首次在巴基斯坦高速公路项目中应用，提高了工作效率和测量精度，减小了施工误差；采用集成管理、高性能混凝土配合比设计、高温环境下柔性路面结构一体化设计、高填方低液限粉土路堤工后沉降分析及施工控制、低液限粉土路基施工技术和长期性能保障技术、高填方路基冲击碾压增强补压措施等多项创新科技成果，成为“一带一路”高速公路项目的建设典范。

创新是一项只有起点没有终点的赛跑。除了在企业尽心尽力，张琨还身兼“数职”，先后被聘为中国建筑业协会专家委委员、中国钢结构协会副会长、中国土木工程学会理事、中建集团专家委员会委员和超高层建筑学术委员会副主任等。

（资料来源：王璐，2018. 用技术挺起中国建造的“脊梁”[EB/OL].（2018-10-08）[2021-04-08]. https://baijiahao.baidu.com/s?id=1613714260720447700&wfr=spider&for=pc.）

二、坚持弘扬劳模精神

全社会都应该尊敬劳动模范、弘扬劳模精神，让诚实劳动、勤勉工作蔚然成风。

弘扬劳模精神是中国共产党在新时代的伟大历史征程中吹响的又一次号角。党的十八大以来，以习近平同志为核心的党中央高度重视弘扬劳模精神，明确阐述劳模精神的时代内涵，明确给予劳模精神新的时代定位，明确劳模精神的发展方向和历史使命，明确肯定弘扬劳模精神的积极作用和意义。通过广泛开展劳模选树表彰，肯定劳模的历史贡献，健全完善劳模管理制度，提高劳模的政治待遇、经济待遇和社会待遇，号召全社会向劳模致敬，为劳模发挥作用搭建宽广舞台。新时代、新征程、新起点，我们必须通过不断探索、创新方法和途径来弘扬劳模精神，迎接新时代中国发展新的挑战和机遇。

全社会都要贯彻尊重劳动、尊重知识、尊重人才、尊重创造的重大方针，目的在于最广泛、最充分地调动一切积极因素，凝聚一切积极力量，为中国特色社会主义现代化建设获得取之不尽的力量源泉。

第一，必须提倡尊重劳动。劳动“是一切人类生活的第一个基本条件，而且达到这样的程度，以致我们在某种意义上不得不说：劳动创造了人本身”。劳动是人类最基本和最重要的社会实践，是人类生存和发展的基础和根本前提，是推动历史前进的动力，因此，包括体力劳动和脑力劳动、简单劳动和复杂劳动、抽象劳动和具体劳动在内的一切劳动都应当受到尊重。我们要注意纠正两种错误观点：一是认为只有体力劳动才是劳动，不把脑力劳动作为劳动来看待；二是认为“劳心者治人，劳力者治于人”，轻视、歧视、鄙视体力劳动。尊重劳动就要尊重劳动者创造的价值，无论是物质价值还是精神价值；

就要维护劳动者的尊严，保障劳动者的基本权益；实质就是尊重劳动者，不仅包括工人、农民、知识分子，还包括改革开放以来出现的新的职业。

第二，必须提倡尊重知识。知识，是人类创造的，是人类长期以来在社会实践中总结出来的经验和智慧，并被人类用来武装人、充实人和发展人。知识就是力量。知识是人最为宝贵的财富，既可以转化为物质力量，创造物质财富，又可以转化为精神力量，激发人的斗志，给人以启迪，给人以无限希望。知识是人类创造和使用的，尊重知识就是尊重人类自己；知识是人类实践的成果，尊重知识就是尊重历史文明；我们称拥有大量丰富知识的群体为知识分子，尊重知识就是尊重知识分子；知识，尤其是科学知识，推动和发展着人与人类社会，尊重知识就是尊重科学技术。尊重知识集中凸显于要重视教育，在发展科学技术上下功夫，把科学技术搞上去。尊重知识以尊重劳动实践为前提，是尊重劳动的必然要求。

第三，必须提倡尊重人才。当今世界各国综合国力的竞争，归根结底就是人才的竞争。人才是实现民族振兴、赢得国际竞争主动的战略资源。“两个一百年”奋斗目标和中华民族伟大复兴中国梦的实现都离不开人才。新时代，我们需要树立正确的人才观念，以提高人才培养质量为己任，弘扬当代中国劳模精神，营造培育人才的时代风尚，使技能宝贵、创新光荣、创造伟大、人才可贵成为全社会共识；需要依靠人才、重视人才、用好人才、关爱人才，充分发挥各类人才的作用，搭建人才施展抱负的宽阔舞台，完善人才流动和管理机制，落实好待遇保障，让人才不断创造新业绩。

第四，必须提倡尊重创造。在经济全球化和现代化的背景下，实现“两个一百年”的奋斗目标，建成富强民主文明和谐美丽的社会主义现代化强国，从根本上要依靠劳动、依靠中国广大劳动人民群众的创造。创造是推动人类社会文明进步的持久力量和基本方式，一切创造，无论是个人创造还是集体创造，无论是物质创造还是精神创造，都值得尊重和鼓励。从某种意义上讲，创造是人有意识地对世界进行探索性劳动的行为和过程，一般带有创新性特点，所以尊重创造也就是尊重创新。劳动贵在创造，没有创造，劳动只能是简单的重复；科技贵在创新，没有创新，科技只能是止步不前。中国已经进入现代社会，要靠创新创造带来社会经济的发展进步，需要有创新性思维和创新创造能力的人通过创造性劳动来完成目标。

拓展阅读

弘扬劳模精神　凝聚奋进力量

劳动模范是民族的精英、人民的楷模，是共和国的功臣。长期以来，广大劳模以高度的主人翁责任感、卓越的劳动创造、忘我的拼搏奉献，在经济社会发展中作出了巨大贡献，铸就了“爱岗敬业、争创一流，艰苦奋斗、勇于创新，淡泊名利、甘于奉献”的伟大劳模精神，生动诠释了中国人民具有的伟大创造精神、伟大奋斗精神、伟大团结精神、伟大梦想精神，为全国各族人民树立了光辉的学习榜样，是中国特色社会主义事业的宝贵精神财富和强大精神力量。

在中国革命、建设、改革的各个历史时期，劳模精神鼓舞着广大职工群众为完成党和国家提出的目标和任务而努力奋斗，始终是彰显时代精神的一面旗帜，始终是催人奋进的时代领跑者。当今世界正经历百年未有之大变局，我国发展的内部条件和外部环境正在发生深刻复杂变化，在全面建成小康社会、实现第一个百年奋斗目标之后，我们正乘势而上，开启全面建设社会主义现代化国家新征程、向第二个百年奋斗目标进军。在民族复兴新的历史进程中，更需要弘扬劳模精神，凝聚奋进力量。

大力弘扬劳模精神是引领教育广大职工的重要抓手。劳模精神代表着社会主义制度下工人阶级的主人翁精神风貌，包含着社会主义价值内涵，对于全社会弘扬劳动光荣的价值理念，形成热爱劳动、勤奋劳动、尊重劳动的社会氛围，激发劳动者的创造活力，发挥着不可估量的作用。在新时代，要通过大力弘扬劳模精神，树立劳动最光荣、劳动最崇高、劳动最伟大、劳动最美丽的理念，用劳模的干劲、闯劲、钻劲鼓舞更多人，激励广大劳动群众争做新时代的奋斗者。

大力弘扬劳模精神是增强文化自信的强大精神动力。在我国社会主义建设和改革的历史时期，劳模精神是激励广大职工和全国人民拼搏奋斗的不竭精神动力。在社会主义建设中，在劳模精神的鼓舞下，广大劳动者以主人翁的姿态，焕发出冲天的革命干劲。《中共中央关于制定国民经济和社会发展第十四个五年规划和二〇三五年远景目标的建议》提出，坚持创新驱动发展，把科技自立自强作为国家发展的战略支撑。为此，我们需要大力弘扬劳模精神，激励广大职工以攻克“卡脖子”技术为突破口实现科技自立自强，开拓奋进，建功立业。

大力弘扬劳模精神是推动产业工人队伍建设改革的重要力量。一直以来，劳模精神在职工思想政治引领，自觉践行社会主义核心价值观，坚定不移听党话、跟党走等方面发挥着重要作用。因此，坚定产业工人队伍理想信念，提升产业工人队伍素质，实现“十四五”规划和二〇三五年远景目标，仍需大力弘扬劳模精神。

社会主义是干出来的，新时代是奋斗出来的。在全面建设社会主义现代化国家新征程上，立足新发展阶段，贯彻新发展理念，构建新发展格局，推动高质量发展，更需要大力弘扬劳模精神、劳动精神、工匠精神，充分发挥工人阶级和广大劳动群众的主力军作用，特别是充分发挥劳动模范作为榜样人物的示范引领作用，团结动员广大劳动者辛勤劳动、诚实劳动、创造性劳动，激励工人阶级和广大劳动群众勤于创造，勇于奋斗，众志成城，团结一心，汇聚起共同奋斗的强大力量，努力创造新的时代辉煌，铸就新的历史伟业，为夺取全面建设社会主义现代化国家新胜利做出更大的贡献。

（资料来源：杨冬梅，2020. 弘扬劳模精神，凝聚奋进力量［EB/OL］.（2020-11-30）［2021-04-09］. http://acftu.people.com.cn/n1/2020/1130/c67502-31949752.html.）

三、做新时代的劳动模范

党的十九大报告指出，要建设知识型、技能型、创新型劳动者大军，弘扬劳模精神和工匠精神，营造劳动光荣的社会风尚和精益求精的敬业风气。就其精神载体来看，劳模精神与工匠精神、中华文化具有一脉相承的价值底蕴和价值导向。将劳模精神内化为意志品质，用干劲、闯劲、钻劲激发更多的新时代青年勇做“实干兴邦”的“代言人”，这彰显了新时代劳模精神的崭新价值意蕴。

（一）新时代劳动模范精神的价值意蕴

1. 从内容上看，新时代劳模精神是马克思主义劳动价值观的生动展现

“劳动创造了人类社会，劳动推动了人类社会的发展，劳动是价值和财富的源泉。”社会主义制度下的劳动不再是异化的，而是体现平等、回应人的本性，这为新时代劳模精神的产生提供了丰沃的土壤，而劳模精神也在中国特色社会主义进入新时代的征程中不断发挥凝聚力、生命力、创造力。新时代劳模精神，需要立足新时代、把握新矛盾、学习新思想、掌握新方略、迈上新征程。

2. 从地位上看，新时代劳模精神是中华优秀文化的时代结晶

回顾中华文明史，中华文化源远流长，有中华优秀传统文化、革命文化、社会主义先进文化，贯穿其中的劳动人民的生产实践及其凝练出的劳模精神，又在新的时代条件下再生再造、凝聚升华。从钻木取火到大禹治水，从《管子·地数篇》到《天工开物》，无不凝结着劳动者踏实朴实、甘于奉献的精气神，这种精气神传承了中华文化的因子，为劳模精神与中华文化在推动中华民族向前发展的进程中注入强大的精神动力。

3. 从目标取向上看，新时代劳模精神根植于中国共产党领导中国人民进行的长期奋斗

1949 年以来，我国经历了 1959～1961 年的三年困难时期、1976 年的唐山大地震、1998 年的特大洪水、2003 年的“非典”、2008 年的汶川地震，以及 2020 年爆发的新冠肺炎疫情。多难兴邦，在一场场具有许多新的历史特点的伟大斗争中，中国共产党始终是中国人民和中华民族的中流砥柱，有了这个主心骨，无论是科研攻坚者还是坚守一线者，无论是“外卖小哥”抑或“90 后”护士，都在埋头苦干、躬身实践、共克时艰中创造了中国奇迹，也赋予了奋进新时代技术精湛、勇攀高峰、敢为人先的劳模形象和劳模精神，实现了劳动创造幸福的价值引领。

（二）做新时代最美劳动者，让青春在劳动中闪光

1. 让新时代劳动模范“活起来”

广大劳动群众要勤于学习，学文化、学科学、学技能、学各方面的知识，不断提高综合素质，练就过硬本领。劳动模范是民族的脊梁，他们身上凸显出的“淡泊名利、艰苦奋斗、勇于探索”的意志品质，是立体、饱满的新时代劳动教育的精神宝库，“工匠精神”的优良品质是劳动模范高尚品德的时代表达，是“肯学肯干肯钻研、练就一身真本领、掌握一手好技术”的典范。新时代劳动模范的形象需要通过可视度高、互动性强的方法、工具、手段，与新时代青年产生“连接、呈现、体验、反思、应用”，不断激活大学生向劳动模范学习的同向同行的原动力。

2. 让新时代劳动模范“实起来”

“天眼”探空，“蛟龙”入海，“墨子号”发射，这些都让我们由衷地相信幸福是奋斗出来的，劳动是奋斗的源泉。讲好新时代劳模故事，做新时代最美劳动者，就是要将“担当实干”扛在肩头，讲好“干一行、爱一行”的坚守与踏实，讲好“服务人民、报效

祖国”的快乐与成长，讲好“爱岗敬业、争创一流”的态度与尊严，用踏实劳动来磨炼意志、淬炼精神，引导新时代大学生埋头苦干、真抓实干、做实干家，不断释放劳动潜能、焕发劳动热情。

（三）让新时代劳动模范“酷起来”

在全面加强新时代劳动教育的关键时刻，需要用更加饱满的热情、更加理性的认知、更加高效的方法，把握大学生成长的内在规律，遵循劳动育人的教育原则，不断提炼新时代劳动育人的新样本，勇当新时代的劳动模范，让青春在劳动中闪光。把“带着学生劳动”转变为“师生一起共同劳动”，开展以“美好劳动节”文化创意展示为主题的系列活动，利用抖音小视频、B站分享、荔枝FM，制造一些外部具化的文化场景，给大学生提供与劳动模范可接触、可参与、可体验的渠道。在增进亲近感、信赖感的同时，一方面，让大学生将自身劳动创造幸福的潜力迸发出来，从而带动周围的人，增强对劳动理念的认同、对劳动课程的认同；另一方面，寻求劳动教育与思政的有机融合，探索“全天候、立体化、强赋能、可辐射”的劳动育人模式，打造一个高净值、个性化、强链接的交互场域，让“边讲边做，学练结合”提高劳动模范精神育人的“沉浸感”，形成良好互动机制。

拓展阅读

立志改变家乡面貌的带头人

他远赴海南，潜心学习现代农业种植技术，20余年锲而不舍，刻苦钻研农业生产管理经验。为了改变家乡面貌，他回乡创业，带动乡亲致富，致力脱贫攻坚、精准帮扶。他，就是河南省信阳市潢川县金塔红种植养殖专业合作社理事长，一名新时代优秀农民的代表——张新生。

1975年出生于潢川县付店镇骆店村的张新生，是一名地地道道的农民。为了生活，他年仅18岁就外出打工，在海南三亚南繁育种基地给农业专家当学徒，挑了3年农家肥，打了3年植保药，几乎干过所有的农活。在海南打工的20多年，他不仅学会了诸多种养殖技术，还掌握了现代农业经营管理模式，从一个懵懂无知的青年，蜕变为一名具有先进知识的新型农民，成为远近闻名的农业种养殖“专家”。

让张新生痛心的是，家乡还是坚守着传统的农业生产方式。大多数青壮年劳力外出打工，留守的都是老人和儿童，“空心村”比比皆是，大量肥沃的土地被闲置、撂荒。

即使多年在外，故乡一直都是张新生魂牵梦绕的家园。日夜思念着贫穷的家乡，张新生想用自己学到的农业知识和管理经验，彻底改变家乡的面貌。2010年，张新生放弃在海南优厚的待遇，返乡创业，成立了潢川县金塔红种植养殖专业合作社。

10余年转瞬即逝，张新生的合作社得到了长足发展：从成立之初流转土地420亩发展到2700亩；各类农机设备从最初的10余台发展到60余台（套）；员工从当初的20余人发展到如今的50多人。合作社紧紧围绕“依靠科技、做强、做精，打造高效的生态农业”的经营理念，因地制宜，量力而行，在滚动中发展，在探索中壮大。截至2018年底，合作社经营收入突破1500万元，带动200户农民增收，吸纳100余名贫困人口就近务工。

2019年初，张新生又流转1500亩荒地建设一个集林果生产、生态观光、休闲体验、农业科普为一体的生态农业园区。园区建成后，大幅度增加了农民就业岗位和提高农民收入，为实现农业强、农村美、农民富做出新的贡献。

这就是张新生，一个会管理、懂技术、爱学习、有经验的优秀农民，一个在产业发展、精准帮扶、促民致富等方面取得成绩的先进代表。

（资料来源：施丽黎，2020. 立志改变家乡面貌的带头人：记“2019年度全国十佳农民”张新生［J］. 中国农业会计，7（4）：11-15.）

活动与训练

爱岗敬业的劳模精神

训练·活动与训练

讲述劳模故事，颂扬劳模精神

【目标】

向劳模学习，体会劳模精神。

【任务】

搜集新冠肺炎疫情中涌现出的各行各业的劳动模范事迹，并通过演讲、诗朗诵、小品等形式讲述他们的故事。

【准备】

地点：教室。

材料和工具：演讲的逐字稿，诗朗诵的逐字稿及配乐，小品的脚本及服装、道具等。

【行动】

2020年春，突如其来的新冠肺炎疫情肆虐全国，举国上下万众一心，众志成城抗击疫情。在这场疫情防控阻击战中，医护人员等“战士”冲锋在前，在人民与病毒之间砌起高墙，在没有硝烟的战场上冲锋陷阵；防疫、保障供应等行业的劳模“战斗”在后，他们立足岗位，以行动支援前线。

以班级或院系为单位，围绕新型冠状病毒肺炎疫情中涌现出的各行各业的劳动模范事迹举办一场“记新型冠状病毒肺炎疫情之劳模故事会”，讲述他们的故事，感受并颂扬他们所传递的劳模精神。

【评价】

要求：讲述的形式可以是单个故事讲述或串讲故事，也可以是诗朗诵、小品等，填写表3-1“讲述劳模故事，颂扬劳模精神”活动评价表。

表3-1　“讲述劳模故事，颂扬劳模精神”活动评价表

评价内容		个人评价	同学互评	教师评价
故事选取	故事真实典型			
	体现自身的感悟			
	抗疫故事体现时代精神			

续表

评价内容		个人评价	同学互评	教师评价
语言表达	语速适当，表达有节奏感			
	吐字清晰，声音洪亮			
形象风度	举止自然得体，精神饱满			
	适当运用手势、表情等辅助表达			
综合表现	讲述效果好，富有较强的感染力			

活动与思考

1. 你认识哪些劳模？他们是怎么工作的？你最佩服他们的哪些品格？
2. 结合你的现状谈谈你将如何在学习中践行劳模精神？
3. 劳动实践项目：暑假期间参加社会实践。

任务二　追求卓越的工匠精神训练

案例与故事

大国工匠李万君先进事迹

焊工是最平凡的工匠，但被誉为“没有翅膀的飞机”的高铁，却离不开他们非凡的双手。

在全国优秀共产党员、中车长春轨道客车股份有限公司焊工李万君看来，工匠精神有两种：一种是创新发明开拓，攻克非凡的难题；另一种是始终如一日，把平凡的工作做到极致。每一天，工作了29年、已获得“中华技能大奖”的李万君，都在手握焊枪、踏踏实实地实践着这两种精神。

1987年初入职场，李万君披挂着厚重的帆布工作服，扣着封闭的焊帽，和工友们在电焊车间水箱工段的“烟熏火燎”中淬炼意志。

焊枪喷射着2300℃的烈焰，瞬间将钢铁熔化。炎热的盛夏，车间里火星四溅，烟雾弥漫；声音刺耳，味道呛鼻。一年后，一起入厂的28个小伙伴有25个离职。李万君留了下来。焊工是非常苦非常累的工作，但是李万君热爱它，并钻研它。

厂里的尖端活、关键活都找他，他的作用越来越大。有一年，工厂水管冻裂了，水哗哗地流，生产无法进行。可带压焊接一焊就噗噗冒气儿，经验丰富的老师傅也没了主意。李万君仔细观察，反复琢磨，在裂口处焊上了一个带螺纹的管座，让气体从中排出，难题迎刃而解。

随着我国高铁产业不断升级，技术难题也越来越“高精尖”。“既要保证生产任务，又要攻克难题，党员自然要加班加点带头干。”2017年，李万君又带领团队攻克了美国纽约地铁列车转向架焊接难题，通过32道焊接把4厘米厚的钢板严丝合缝地焊在一起，即使用超探、射线技术检测也看不到任何缺陷。

2011年以来，李万君带头完成国家发明专利21项，革新70多项，重大技术创新10多项，取得五小成果150多项，获奖104项。在短短6年时间里，中国高铁也完成了时速250公里、350公里、380公里的"三级跳"。大国工匠正助力"中国梦"提速。

（资料来源：李娜，2016. 李万君"大国工匠"在平凡中非凡的故事［EB/OL］.（2017-05-03）［2021-04-10］. http://www.moe.gov.cn/jyb_xwfb/xw_zt/moe_357/jyzt_2017nztzl/2017_zt02/17zt02_zjgs/201705/t20170503_303683.html.）

知识与能力

追求卓越的工匠精神

训练·知识与能力

一、工匠精神概述

千百年来，技艺工匠的劳动实践即其生产的物质文明成果遍布人类生活及审美的各个方面，同时在精神文明层面形成了以工匠精神为核心的工匠文化。工匠精神有着十分丰富的内涵。

（一）工匠精神是一种劳动精神

人民创造历史从根本上看是劳动创造历史。人类在改造自然的伟大斗争中，不断认识自然的客观规律，通过在劳动实践中不断积累实践经验与技能，从而推动历史进步和创造更为丰富的社会财富。中国梦的实现，人民群众美好生活需要的满足，都需要广大劳动人民的劳动创造。人民在创造历史的同时，也在创造自我。通过劳动实现自我价值或人生价值是工匠精神的本质内涵。劳动是人类赖以生存的根本，同时也为个人提供了实现人生价值的舞台和空间。一个人只有通过诚实劳动，才可为社会创造物质财富与精神财富，才可得到他人和社会的认可与褒奖。与此同时，实现自我人生价值目标而产生的幸福感和愉悦感，会进一步激发劳动者的创造激情，从而为社会和他人创造更为丰富的财富。工匠精神首先就是热爱劳动、专注劳动、以劳动为荣的精神。在劳动中体验和升华人生意义与价值，是工匠精神的题中应有之义。

（二）工匠精神是对职业劳动的奉献精神

几千年来，从事技艺劳动的各种工匠，其社会地位并不高，然而，他们以业维生，并以技艺为立身之本，无私地奉献自己的全部心血，提高和完善自己的技艺，创造了灿烂的工匠文化。工匠精神就是干一行爱一行，在干中增长技艺与才能。发扬工匠精神，就要提高我们的爱岗敬业精神。劳动最崇高，劳动最光荣，在平凡的岗位干出不平凡的业绩，就是工匠精神的体现。无论是三峡大坝、高铁动车，还是航天飞船，都凝结着现代工匠的心血和智慧。

（三）工匠精神是一丝不苟、精益求精的精神

重细节、追求完美是工匠精神的关键要素。几千年来，我国古代工匠制造了无数精

美的工艺美术品，如历代精美陶瓷以及玉器。这些精美的工艺品是古代工匠智慧的结晶，同时也是中国工匠对细节完美追求的体现。现代机械工业尤其是智能工业对细节和精度有着十分严格的要求，细节和精度决定成败。对细节与精度的把握，是长期工艺实践和训练的结果，通过训练培养成为习惯气质、成为品格，就能从心所欲不逾矩。“功夫”一词，不仅是指武功，而且也是指各种工匠所应具有的习惯性能力。功夫是长期苦练得来的。不下一定的苦功，不可能出细活。工匠从细处见大，在细节上没有终点。2015 年，中央电视台播出《大国工匠》纪录片，讲述了 24 位大国工匠的动人故事。这些大国工匠令人感动的地方之一，就是他们对精度的要求。例如，彭祥华，能够把装填爆破药量的呈送控制在远远小于规定的最小误差之内；高凤林，我国火箭发动机焊接第一人，能把焊接误差控制在 0.16 毫米之内，并且将焊接停留时间从 0.1 秒缩短到 0.01 秒；胡双钱，中国大飞机项目的技师，仅凭他的双手和传统铁钻床就可产生出高精度的零部件；等等。无数动人的故事告诉人们，我国作为制造大国，弘扬工匠精神、培育大国工匠是提升我国制造品质与水平的重要环节。

拓展阅读

精益求精助力新产业之路

从技术工人到高级技师，勤于学

1985 年，邢忠东作为学徒工，进入中国中车股份有限公司石家庄子公司。身为劳模之家的后代，从第一天入职起，母亲就嘱托他：“既然当了工人，好干也是一辈子，坏干也是一辈子，为什么不能好好干，我觉得你没问题！”带着父母的期望，邢忠东下定决心，要干就要把工作干到最好。

除了学习理论知识，邢忠东还利用业余时间动手实践。展开、放样、下料、校正、成型，一个环节一个环节练习；代数、几何、机械制图、材料学、力学、焊接，一门知识一门知识钻研；工作中的废纸和下脚料不知道用了多少……

辛勤的付出很快便有了效果，邢忠东首次参加公司青工技能比武，一举拿下了青年组第二名。从那以后，他不断在各种比赛中拔得头筹，开始参与公司的科技攻坚项目。20 岁，邢忠东成了车间里年龄最小的高级工。之后，还获得过“中国中车技能专家”“全国五一劳动奖章”“河北省突出贡献技师”等诸多荣誉称号。

从手工打磨到智能工装，善于思

在制备车间，工件大多数都在上百公斤，通常需要几个人搬抬才能完成焊接。“能不能制作一套工装，让工人在舒服的姿势下完成工作？”功夫不负有心人，“C70E 横梁组成 360° 翻转焊接台”在他手中诞生，这是整个车辆制造行业里的第一台 360° 无死角全方位立体旋转焊接设备。“其实非常简单，没有什么技术含量，但是行业里当时还真没有，得好好琢磨才能制造出来。”说起这套工装设备，邢忠东至今还抑制不住内心的自豪和喜悦。这套设备适用于五六种车型，投入生产后大大提高了生产力，原来 7 人日产 5 辆车，使用后 5 人日产 7 辆车。

为进一步节约劳动力，邢忠东又制作了枕梁翻转传送运输车。从此，工件翻转不再用天车吊、人工搬运，工人只需按一下按钮就可以完成，生产效率大大提高。2010年，以上两项创新获得了国家发明及专利。

从单打独斗到精益道场，敏于行

邢忠东为人热忱、健谈，他把自己总结出的工作方法、经验编辑成册，交给同事们传看。在公司、车间的助力下，邢忠东创建了一个“精益道场”。在这里，不仅可以组织理论学习、实践操作、现场答疑，还能回炉再造、提升技能、备赛练“兵”……一站式服务、精益化生产，让班组95%的员工具备了第二技能，48%的员工具备了第三技能。

说起自己的小目标，邢忠东依然不离团队、不离公司。“党和国家、各级工会组织多年来培养自己，为我搭建平台，助我成长，我非常感谢！我要把我的技术知识传授给更多的员工。”邢忠东工作室还将吸纳更多有实力的后备力量，让团队成为“精英中的精英”。他还想把精益生产经验与理念推广到更大的范围，助力新产业跑出加速度。

（资料来源：刘禛，2018．邢忠东：0.5毫米较劲3个月精益求精助力新产业之路［EB/OL］.（2018-10-30）［2021-04-10］. http://news.cctv.com/2018/10/29/ARTILRoi5ittO4bShBOxMvut181029.shtml.）

（四）工匠精神的核心要素是创新精神

一个民族的创新离不开技艺的创新。在现代工业条件下，对于工匠技艺的要求已经不仅仅是像传统工匠那样，只是从师傅那里学得技艺从而能够保持和发扬祖传工艺技法。实际上，传统工艺也是在传承与创新中得到发展的，我们要将传承与创新统一起来，在传承的前提下追求创新。现代机械制造尤其是现代智能制造，对技艺提出了越来越高的难度和精度要求，不仅要求有娴熟的技能，而且要求技术创新。每一个产品的开发、每一项技术的革新、每一道工艺的更新，都需要有工匠的创新技艺参与其中。《大国工匠》纪录片中的那些卓越工匠，不仅具有高超的技艺，而且具有强烈的创新意识和创新能力。创新，不是对以往工艺的墨守成规，而是对现有的生产技艺的大胆革新，给行业技艺带来突破性贡献，促进生产技艺水平提升，推动社会经济发展。

拓展阅读

科技创新需要工匠精神

2020年11月24日，嫦娥五号发射成功，挑战月球采样返回；2020年12月17日，嫦娥五号成功返回，最终收获了1731克样本。在辉煌的背后，饱含着不为人知的艰辛和精益求精的“工匠精神”。

科技创新的系统性特征需要工匠精神

现代意义上的科技创新，已然不是前科学时代“作坊式”的个体攻关，而是包括科学家、工程师、工人等共同参与的一项“工程”。美国科学学家普赖斯于1962年6月发表了著名的“小科学、大科学”演讲，揭示了现代科技发展的一个重要特征，就是：投资强度大、多学科交叉，需要不同的主体参与，具有重要的系统性工程特征。这种“工程式”的大科学研究，从我们熟悉的人类基因组计划、国际热核聚变实验计划、大型强子对撞机等，到今天的航天科技，需要所有参与主体都把自己当作工程活动中的一个“工匠”，在自己负责的节点上精益求精，对工作疏漏保持“零容忍”。只有这样，整个“工程”才会经过预研、设计、建设、运行、维护等一系列环节后取得成功。

嫦娥五号是由长征五号发射升空的，在长征五号发射工程中，号称火箭“心脏”（发动机）焊接人的高凤林，用一连串数字，完美地呈现了科技创新中的“工匠精神”——38万公里，是“嫦娥五号”从地球到月球的距离；0.16毫米，是火箭发动机上一个焊点的宽度；0.1秒，是完成焊接允许的时间误差。不仅是这些数字体现出来的精确，每一个焊接点的位置、角度、轻重都要经过缜密思考。

科技创新的复杂性特征需要工匠精神

在科学学领域，系统性与复杂性紧密联系。物理学家霍金称，21世纪将是复杂性科学的世纪。复杂性科学的范式力图打破从牛顿力学以来一直统治和主宰世界的线性理论，抛弃还原论适用于所有学科的预设，创立新的理论框架体系。从这个意义上理解，复杂性特征是科技创新的系统性特征发展的必然结果。法国哲学家、科学家帕斯卡指出：“我认为不认识整体就不可能认识各个部分，同样，不特别地认识各个部分也不可能认识整体。”在一个科技创新的系统工程中，每一个技术环节，首先要置于整体的框架下设计、实施和要求，但同时，该技术环节自身的要求也要与整体之间彼此互补。中国先秦时著名的庖丁，在宰杀牛时之所以能“依乎天理，批大郤，导大窾，因其固然，技经肯綮之未尝”，以致其所用之刀“所解数千牛矣，而刀刃若新发于硎”，一个重要的原因就是他经过了从刚开始解牛时的“所见无非牛者”到三年之后“未尝见全牛也”的过程。在这个过程中，不断发现规律，不断掌握规律，同时利用规律不断提升自己的操作水平，这也正是“工匠精神”的应有之义。科技创新的复杂性特征在于，当系统要素不断累积叠加的时候，就出现了“天大的小事”，也就是人们常说的“细节决定成败”，需要每一个参与主体都胆大心细，像庖丁那样在自己的专业上追求极致，通过部分的极致达成科技创新这个“大工程”整体的成功。

再以长征五号火箭为例，在火箭发动机的喷管上，有数百根几毫米的空心管线。管壁的厚度只有0.33毫米，焊接技师需要通过3万多次精密的焊接操作，才能把它们编织在一起，焊缝细到近乎头发丝，而长度几近绕一个标准足球场两周。在焊接操作过程中，“动作不对，呼吸太重，焊缝就不均匀”，有时“一道工序需要10分钟不眨眼”。

科技创新的社会性特征需要工匠精神

现代的科技创新活动不单单是科技工作者的事情，科技创新的工程特征催生了其社会性特征，每一项科技创新活动都不同程度地需要政府、企业、投资金融、法律等不同领域的支撑，所以科技创新通常以项目的形式开展，在这一点上，其已经和工程活动的内在逻辑越来越同质化。“工匠精神”的内涵除了精益求精、追求极致和卓越之外，还应该具有协作和配合的内在要求。科技创新更多时候作为一项“大工程”，存在着原材料、工艺、资金、环境、效益等方面的因素，工艺再好，没有合格的原材料，也是巧妇难为无米之炊。技术再先进，但是资金未到位或者难以持续，也不是一个好的创新项目。同样，科技创新活动如果对生态和环境带来很大的不可逆的破坏，那么也需要相关方面后续予以改进或者暂缓项目推进。“工匠精神”一个重要的特征是，不仅仅为了创造而创造，工匠创造活动应当和现实生活紧密地融合在一起，这种融合，可以是经世致用的，也可以是审美的。

众所周知，长征五号发射成功之前，我国现役的主要火箭型号长征二号丙火箭、长征二号F火箭、长征三号甲系列火箭以及长征七号火箭的最大直径均不超过3.35米，一个重要因素就是火箭通过火车运抵发射场时，考虑到铁道轨距、隧道宽度、火车会车等制约，火箭直径必须小于3.35米。长征五号之所以能够“腰围”达到5米，就是中国航天人从创新的“社会性”特征出发，制造了专门的火箭海运船，通过海运模式创新突破了传统铁路运输的尺寸“瓶颈”。

（资料来源：梁军，2016. 科技创新需要“工匠精神”[EB/OL].（2016-12-19）[2021-04-10]. http://theory.people.com.cn/n1/2016/1219/c49154-28960101.html.）

（五）工匠精神的本质：道技合一，追求卓越

中国哲学对工匠精神有着深刻的认知：道技合一或“匠工蕴道”。《庄子》中的多篇文章表达了对工匠精神的本质看法。《庄子》以庖丁解牛、匠石运斧、老汉粘蝉等生动事例告诉人们，古代匠人的技艺能够达到鬼斧神工的至高境界，即所谓“臣之所好者，道也，进乎技矣”。庖丁以19年解牛数千之功力，技法能够以神遇而不以目视，达到“官知止而神欲行，依乎天理”的境地，足以见得，古代工匠精神既是实践的积淀，又是内心对道的追求的展现。“道”是中国哲学的最高概念，其意蕴着天地与人间社会的规律或准则（天道、人道等）。在道家看来，道既是思维所能把握的最高概念，也是万物存在之理。万物的本性都是道的体现，匠工蕴道，这个道，是技艺之道，同时也是得天理之道。庄子以庖丁游刃有余的技艺来表明，庖丁对劳动对象的自然机理纯熟于心，并化为精神生命之道。在庖丁的精神境界里，则深蕴着对道的追求和把握，同时也将这种追求和把握与技艺的完善结合在一起，从而达到鬼斧神工的境界。当代大国工匠高凤林、张冬伟、顾秋亮等，其技艺达到臻于完美的境界，都是通过刻苦训练和反复实践，从而达到对其劳动对象的自然机理之道的深刻把握。

从根本上说，工匠精神是一种伦理德性精神。就德性论层面而言，人的一切行为发自内在品格。对完美的追求、精益求精以及持之以恒的探索创新，是内在德性的展现。从道德的观点看，每个人都应当追求德性，过一种有德性的生活。德性论认为，在人们的现实生活中，我们可以找到德性行为者作为我们行为的典范。那么，什么样的人可以充当这样一种典范？在古希腊，苏格拉底的回答是，工匠，并且只有像铁匠、铜匠甚至修鞋匠那样具有手工艺的人才真正具有德性。道技合一是德性品格的见证。在苏格拉底看来，工艺制作是指向善的活动，一个人熟练地掌握了他所从事的技艺，也就能够把这类事情做好，从而成为一个有德性的人。因而，做一个有德性的人，也就是像匠人那样生活和工作。具备工匠精神的大国工匠坚守质量品质，一生打造精品，把产品的好坏看成自己人格和荣誉的象征，他们就是这样具有优美德性、始终追求卓越的人。我们要以大国工匠和劳动模范为榜样，做一个品德高尚而追求卓越的人，积极投身于中华民族伟大复兴的宏伟事业中。

二、大学生培养工匠精神的意义

在大学生中培育工匠精神，对大学生个人综合素质的提高以及未来发展，有着重要的意义。对国家社会而言，在大学生中培育工匠精神，同时又有助于实现新时代美好建设，有利于实现中华民族伟大复兴中国梦。新时代大学生的成长，需要工匠精神的指引。培育大学生的工匠精神关乎个人成长成才、国家和民族的发展，关系到祖国的未来建设。

（一）有利于传承中华优秀传统文化的精髓

中华民族的历史实践与积淀，铸就了中华文化的薪火相传。中华文化博大精深，中华民族精神代代相传。工匠精神是中华民族优秀文化的瑰宝，同时也是中华民族传统文化的重要组成部分。弘扬工匠精神，不仅是新时代的背景要求，同时是中华民族优秀文化精髓继承和发展的需要。发扬工匠精神，就是学习中华民族具有工匠精神的优秀典范，传承历史文化经典，在新时代的实践中发扬和传承中华民族优秀传统文化精髓。

工匠精神中蕴含的爱岗敬业、精益求精、尊师重道、开拓创新等内涵都是中华民族的优秀传统文化的重要组成部分。工匠精神是中华优秀文化的重要体现，对它的培育，同时也是对中华优秀传统文化的传承。所以，培育工匠精神有利于传承和发扬中华民族优良传统文化的精髓。培育工匠精神，有利于传承中华文化中“执事敬”“事思敬”“修己以敬”的敬业思想；培育工匠精神，有利于传承中华文化中“如切如磋”“如琢如磨”的精湛技艺与精神；培育工匠精神，有利于传承中华文化中尊师重道的优良传统；培育工匠精神，有利于传承中华文化中开拓创新、坚持不懈的精神。

中华传统文化中体现工匠精神的例子数不胜数，如被中外专家学者称为“稀世珍宝”的曾侯乙编钟，以其精湛的铸造技术被世界闻名。中华民族把自己的聪明才智和工匠精神相结合，把中华优秀文化传递给了世界。中国古代工匠们以其对职业的敬畏、对作品的虔敬与专注，连同自己的满腔热爱，让工匠精神闪耀世界。总之，工匠精神代表着一种处事态度和人生哲学，是一种优秀的品质和精神，因此，培育大学生的工匠精神对中华优秀传统文化精髓的传承有着重要意义。

拓展阅读

以优秀传统文化涵养培育工匠精神

新时代培育和弘扬工匠精神，对于中国特色社会主义从“制造大国”迈向“制造强国”，实现中国特色社会主义从富起来到强起来具有重要的意义。要以优秀传统文化涵养培育尊重工匠、崇尚劳动的社会风尚，培育精益求精、臻于完美的工匠品格，建立产品追溯和质量监督的工匠制度。

我国是人口大国，也是传统工匠古国。在历史上的很长一段时间，我国在建筑、陶瓷、纺织、冶炼、水利等诸多领域在世界上保持领先地位，这也促成了我国古代社会的进步和繁荣。古代工匠们在长期实践中积累传承技艺的同时，形成了悠久的工匠文化，并在中华悠久历史中不断流淌，是我国优秀传统文化的重要内容和宝贵财富。当下，从我国优秀传统文化的沃土中汲取营养，有助于涵养和培育新时代工匠精神。

以优秀传统文化涵养培育尊重工匠、崇尚劳动的社会风尚。尊重工匠、崇尚劳动是培育和弘扬工匠精神的社会基础。我国传统文化中十分珍视工匠职业，尊重工匠劳动。在我国古代，工匠被称为“百工”，被认为是社会不可或缺的职业阶层。正是我国传统文化中对工匠地位的重视，一些能工巧匠才被社会所认可赞同，被时代流传与推崇。例如，鲁班、李冰父子、张衡、祖冲之等，都是令后人传颂的“能工巧匠”。在我国传统文化中，对工匠社会地位的认可，也使古代工匠们更加珍惜重视自己的工匠身份，更加努力地用毕生精力和心血专注于自己的工作。

值得注意的是，当前社会中尚存在不尊重工匠、轻视劳动的观念和心态，认为工匠只是体力劳动者，这严重阻碍了工匠精神的培育和弘扬。因此，培育和弘扬新时代工匠精神，要从传统文化中汲取尊重工匠、崇尚劳动的精神营养，在全社会大力倡导珍视工匠、尊重劳动的价值观念，提高工匠的社会地位。加大宣传力度，使公众正确认识工匠劳动的重要性、工匠形象的可爱可敬，树立劳动不分贵贱、行业不分高低的平等职业观，为培育和弘扬新时代工匠精神奠定社会基础。

以优秀传统文化涵养培育精益求精、臻于完美的工匠品格。精益求精是工匠精神所内化的工作态度和职业品格。在我国传统文化中，精益求精是古代工匠们的至高追求。这种精益求精的工匠品格也推演至其他领域，如“庖丁解牛，技进乎道”、贾岛“推敲”二字的斟酌，逐渐形成了治学立德的哲学态度。《考工记解》中“周人尚文采，古虽有车，至周而愈精，故一器而工聚焉。如陶器亦自古有之，舜微时，已陶渔矣，必至虞时，瓦器愈精好之”，反映的是我国古代的能工巧匠们日积月累不断追求技艺精进的精神品格。由此可见，我国古代的制作工艺已经达到了十分精细的程度，也显示出古代工匠们对艺术创作的无限追求，只有更好、没有最好的职业精神。

当前社会，工作生活节奏加快，一些人过于追求速度和效率，产生敷衍了事、急功近利、焦虑不安、浮躁气盛等不良心态，缺少追求极致和臻于完美的执着和专注，严重影响了工匠精神的培养。因此，培育和弘扬新时代工匠精神，要汲取我国传统文化中精益求精的工匠品格，大力倡导“慢工出细活”“十年磨一剑”的工作态度和职业品格，沉得下心、耐得住性子，不为功名所累、不为困难所惧，做到精雕细琢、追求完美，实现产品从量到质的提升。

以优秀传统文化涵养建立产品追溯和质量监督的工匠制度。“物勒工名”是我国传统文化中运用最早的质量监管方式，主要用于手工业生产过程中。就是在我国古代，官府强制要求器物制造者将工匠名字、监造者、生产机构，甚至制造日期、数量、器物编号等信息铭刻在器物之上，以便官府对官员和工匠的绩效进行考核。“物勒工名”作为我国古代相对完善的产品追溯制度，有效地保障了古代社会手工业的产品质量，加强了古代官府对手工业生产和工程建筑质量的监管。

当今社会，针对粗制滥造、假冒伪劣产品时常出现的问题，要建立健全严控质量的工匠制度体系，不断改进质量监督管理，完善对产品质量、性能、安全等方面的硬性规范。可以借鉴传统文化中“物勒工名”的做法，运用大数据、物联网、人工智能等新一代信息技术，建立集监督、管理、服务于一体的监督管理制度，完善从产品设计、生产制造到市场营销等各个环节的产品追溯和质量监督，形成全方位的职业道德约束，助推新时代工匠精神的培育。

（资料来源：王敏，2020. 以优秀传统文化涵养培育工匠精神［EB/OL］.（2020-06-01）［2021-04-10］. http://acftu.people.com.cn/n1/2020/0601/c120901-31730823.html.）

（二）有利于大学生个人的全面发展

大学生工匠精神的培育有利于大学生个人综合素质的提升。促进大学生全面发展是高等教育事业面临的重要课题之一，新时代中国特色社会主义建设，需要更多全面发展的优秀型人才贡献力量。因此，对大学生进行全面发展型人才培育显得至关重要。

工匠精神培育是大学生思想政治教育的重要组成部分，也是高等教育改革的重要内容。工匠精神作为一种积极的精神品质和宝贵的精神财富，培育大学生工匠精神，是培育大学生具备良好的道德品质和积极的价值观、道德观、择业观。工匠精神的内涵所包括的爱岗敬业的精神，更是新时代大学生所必备的就业品质。同时，新时代大学生更应具备高超的实践能力、精湛的技艺、精益求精的精神、执着专注的品质、以德为先的美德。培育大学生工匠精神，有利于新时代大学生个人全面发展。有利于大学生个人就业能力的提高。首先，工匠精神倡导爱岗敬业思想，就是要求未来走向工作岗位的各行各业工作者热爱本职工作，契合了社会主义核心价值观所倡导的敬业精神。爱岗敬业是新时代大学生职业发展和从业精神不变的宗旨。其次，工匠精神提倡的创新、追求卓越的精神，是当代大学生所应具备的品质，对大学生进行工匠精神培育，旨在提升其崇尚劳动、勤于钻研的精神，锻造其以德修身的品格，增强其勇于创新的本领，从而有利于个人就业能力的提高，达到自身全面发展。同时，工匠精神更加重视养成中华民族优秀美德，将中华民族吃苦耐劳、以德为先的优秀品质内化于心、外化于行。优秀品质的养成，有利于提升自身综合能力，从而有利于大学生成为德才兼备的创新型人才，有利于大学生个人的全面发展。

三、大学生如何培养工匠精神

（一）树立正确的职业观

大学生应树立正确的职业观，从内心接受工匠精神。端正学习动机、主观加强对工匠精神的认识、树立正确的职业观是培养工匠精神的前提；改变固有的“铁饭碗”观念，树立正确的职业观价值观，提高对工匠精神自我培育意识；工作没有高低贵贱之分，树立职业平等的观念，加强自我管理并提高自我约束力，主观能动地进行学习和体验；积极考察社会需要，结合自身兴趣爱好，认清就业严峻形势，合理地调整就业期望值；积极参加社会实践，通过实习和实践活动，在工作中遵守职业规范，养成良好的职业道德。

此外，大学生要树立正确的职业观，应全面地思考问题，清晰地认识就业形势，并根据就业形势，选择自己的职业岗位；在学习好精湛技艺的同时，始终坚持专注认真、精益求精的品质，在理论与实践结合中不断探索，深化敬业、奉献、专注、创新、重德等优秀品质，转变传统的职业观念。

对于新时代大学生来说，应加强自身职业素质的培养，培养自己吃苦耐劳的意志品质，树立正确的择业观，不畏惧艰苦的工作环境，培养从基层做起的观念和意识，锤炼自己的品格。大学生工匠精神的培育是一项理论与实践结合的活动。大学生在社会实践中可以深刻认识敬业、创新、奉献的精神，深刻体会专注、卓越的品质，在实践中弥补理论中的不足，并检验所学知识和技能是否正确。

（二）发挥主观能动性

首先，主动开展自我学习和自我教育。大学生要发挥主观能动性，树立积极的自我培育态度；提高专业素养和理论文化素养，术业有专攻，为走向工作岗位打下坚实的理论基础；积极主动去寻找就业机会，及时关注各类招聘信息，了解企业的需求，而不是盲目地选择和等待。

其次，大学生应加强综合素质以及各项能力的提升，主动在学校和社会实践中，有意识地培育自己在创新就业、道德品质、爱岗敬业方面的能力和精神，提高培育自觉性，并积极参加社会实践活动、校园技能竞赛和各类社团活动，在各项活动中感受工匠精神。大学生还应该培养自己的民族自豪感和责任感，勇于担当，心系家国天下，胸怀祖国和人民，以人民幸福和中华民族复兴的中国梦为己任，肩负时代赋予的重任和使命；主动培养自己的时代品质和当代所具备的工匠精神，无论走向哪个岗位，都争做一个德才兼备、德艺双馨的匠人。

树立远大的职业理想，用信仰累积生命的厚重，做自己喜欢的事情，把每一个当下做到极致，实现伟大抱负；重视责任意识的培养，在处理事情时，能够主动承担，并出色完成，做到言行一致。

最后，大学生应培养社会责任感和时代使命感，培育热爱祖国的责任，结合自身的处境明确自身应承担的责任，并自觉、认真地履行，最终把责任转化为自己的行为准则；树立师道精神，尊敬师长、勤奋学习，不断地突破自我，实现人生理想。工匠精神表现的是积极进取、不断探索的精神品格，从古至今为我们熟知的大国工匠们，每一位都具备了这种品格。大学生要有时代使命感，主动提升各项综合素质，积极培育自身的工匠精神。

（三）提高培育自觉性

大学生提高敬业观念和创新能力，增强严谨专注态度，不仅需要社会高校的合力，还需要加强自我培育。

一方面，加强思想理论与科学文化知识的学习。大学生应强化对科学文化知识的学习，为以后的从业奠定坚实的理论基础。大学生应学会充分利用学校的教学资源汲取文化知识；同时，要加强自己的理论素养，端正学习动机，在学业上养成一丝不苟的态度、严谨专注的学风；在生活中，养成与人为善、尊师重道的品质；认真学习中国传统文化知识，感受工匠精神之美。

另一方面，加强理论与实践相结合。大学生工匠精神的培育需要知行合一，而不是简单说教。精益求精的品格、创新能力、一丝不苟的态度，需要在社会实践中提升，工匠精神的培育与大学生个体积极提高社会实践能力分不开。大学生通过参与社会实践、社会实习等活动，在工作中，可提高精益求精的能力和严谨专注的态度。大学生在实践中，可以锻炼创新创造能力，弥补理论上的不足，了解劳动人民的艰苦奋斗精神，增强乐于奉献的职业精神，养成严谨、专注的态度，达到培育自身工匠精神的目的。

青年学生是新时代中国特色社会主义的建设者，身上肩负着时代和民族赋予的使命。大学生要用工匠精神引导自己的实际行动，达到知行合一、坚定行动意志的目标。大学生是新时代中国特色社会主义发展的力量源泉，也是国家的文化智库和人才后备力量，青年学生要深刻意识到培育工匠精神，是为新时代社会发展注入力量、提供技能和精神支撑。培育工匠精神有利于践行社会主义核心价值观，工匠精神包含的爱岗敬业的态度、立德树人的品质是自身全面发展的需要，大学生只有积极培育自我的工匠精神，努力践行社会主义核心价值观，才能为实现中华民族伟大复兴中国梦做出自己应有的贡献。

活动与训练

追求卓越的工匠精神
训练·活动与训练

工匠精神与自我职业发展

【目标】

理解工匠精神对自我职业发展的作用。

【任务】

阅读背景材料，讨论“焊神”张翼飞的工匠精神体现在哪里。

【准备】

地点：无场地限制。

材料和工具：无。

【行动】

（1）阅读背景材料，并思考材料中张翼飞的工匠精神体现在哪里？

张翼飞是沪东中华造船（集团）有限公司（简称“沪东中华”）的一名焊工。焊接，是造船企业的关键工序，对上岗者有着严苛的素质要求。张翼飞从进厂起，就开始系统地学习焊接理论，潜心研究焊机设备的操作技术，这使得他在后来的各类全国技术比武中屡屡获得殊荣。数年前，沪东中华从日本引进一批先进焊接设备，日本专家几经调试都无法使设备的某些技术参数达到施工要求。张翼飞顺利解决了这个问题，保证了新的生产线如期投入生产。现在，张翼飞掌握了100多种焊材的焊接技术，成为企业的一名“焊神”。

（2）4～6人为一个活动小组，通过小组内部讨论形成小组观点。

（3）每个小组选出1名代表陈述本组观点，其他小组可以对其进行提问，小组内其他成员也可以补充回答问题。通过交流，将每一个需要研讨的问题都弄清楚。

（4）教师进行分析、归纳和总结。

（5）教师根据各组在研讨过程中的表现，给予点评并打分，

【评价】

要求：任务人评价的内容要围绕本主题，对事不对人，用词要积极向上，不能进行人身攻击。填写表 3-2“工匠精神讨论”活动评价表

表 3-2　“工匠精神讨论”活动评价表

评价内容	个人评价	同学互评	教师评价
小组讨论是否充分			
代表发言时，是否将组内讨论的结果全部表达了出来			

活动与思考

1. 你知道哪些具有工匠精神的劳动者？他们是如何工作的？
2. 结合你的经历或见闻谈谈你对工匠精神的认识。
3. 劳动实践项目：制作与自身专业有关的作品。

任务三　劳动合作的团队精神训练

案例与故事

技术大王打造“高手团队”

王刚，33 岁，中国航空工业集团公司下属沈阳飞机工业（集团）有限公司数控加工厂“王刚班”班长，铣工高级技师，首席技能专家。由他带领的班组创造出独具特色的“王刚班模式”，在某新研型号中创造了首批全部产品“零缺陷”交付的奇迹，王刚的徒弟也相继在各个技能大赛中摘金夺银，其所在团队被称为“高手团队”。

班前会提高班组整体素质

“稍息、立正……唱班歌。”走进沈阳飞机工业（集团）有限公司数控加工厂“王刚班”，印象中脏兮兮、混着浓浓机油味、伴着各种嘈杂声音的生产车间不见了，呈现在眼前的是整洁、宽敞、摆放有序的现代化班组形象。特别是每天 8:00，班组成员排列整齐的蓝色方队，已形成了车间里的一道亮丽风景。

这便是“王刚班”的班前会。每当这个时候，班长王刚都会精神抖擞地站在方队前面，指挥大家唱班歌，并学习、研讨工作中遇到的问题。像这样把学习融入班前会当中的做法，也是“王刚班”的一大特色。整队、整理着装、点名、问好、喊口号、公布晨检情况还有最重要的每天一讲，在这些固定的环节中，总会有许多不同的、新鲜的理念和金点子迸发出来，提高了班组的整体素质。

“我们有个好师傅”

为什么在这个班组中会有这样的向心力与核心力呢？每当问到这个问题时，班组里

的所有成员都会异口同声地说："因为我们有个好师傅。"他们口中的好师傅就是班长王刚。在第四届全国职工职业技能大赛上，王刚手举金牌、面带微笑的画面，深深地刻在了与王刚一同参赛的徒弟——吴学文的记忆中。与师傅一起参赛，并获得第五名好成绩的吴学文对这个师傅充满了敬佩之情。同样地，曾经在2011年沈阳市"百千万"职业技能大赛中获得铣工第一名、被授予沈阳市"技术大王"称号的吴刚，也对这个与他同名不同姓的师傅充满了感激之情。

吴学文介绍，王刚是个非常称职的师傅，无论是在工作还是日常学习中，他都会毫无保留地将他所掌握的技能全部传授给徒弟们。在每天固定的学习课中，他还会利用午休前半小时给大家讲授专业知识，并进行质量、安全等方面的专题培训。

特别是当吴刚在沈阳市"百千万"职业技能大赛中获得铣工冠军时，与其一同参赛的王刚却位居第二名。对此，王刚丝毫没有嫉妒和后悔，也没有"教会徒弟饿死师傅"的想法，反而打心底里替自己的爱徒感到高兴。

"全天候"学习提高工作效率

了解王刚的人都知道，他是个不善言谈的人，甚至与陌生人讲话的时候，时常会脸红，但是当他给徒弟们讲授专业知识的时候，话匣子便打开了，此时的王刚，会把自己多年总结的心得讲解得既生动又有趣，其中大量的铣削技巧，还对提高产品质量和效率起到了重要作用。

现在，王刚又开辟了一个促进学习的新渠道——网络学习，他利用班组的QQ群，传递学习材料、解答疑难问题，这种学习方式也被大家幽默地称为"全天候"学习。

（资料来源：邹晓蕾，2012．王刚：技术大王打造"高手团队"[EB/OL]．(2012-12-26)[2021-04-10]．http://character.workercn.cn/c/2012/12/26/121226134751884230018.html．）

劳动合作的团队精神训练·知识与能力

一、团队精神概述

团队精神产生于团队之中。人们在很小的时候就懂得与伙伴相互联络、结成群体、共同协作，才能完成一些独自一人做不了的游戏。把一群人集合在一起，是否就可以称为团队呢？

（一）认识团队

1．团队的含义

团队是为了实现某一目标而由相互协作的个体组成的正式群体。劳动有时候是一个人的事，但更多地需要团队一起才能完成。例如，飞机轮毂保养工作，需要将轮毂从机场拉回维修基地的司机师傅、轮毂拆卸与组装人员、清洗与探伤人员、除漆与烤漆人员等组成的团队共同完成。

一般来讲，现代组织管理中的团队存在着由若干个成员组成的小组，小组成员具备相辅相成的技术或技能，有着共同的目标、共同的评估和做事的方法，他们共同承担最终的结果和责任。首先，团队必须是正式群体，不是搭帮结伙，是群体的凝聚和合作。其次，团队成员必须拥有共同的目标，通过沟通与交流保持目标、方法、手段的高度一致，不断通力协作，最终通过个体利益和整体利益的完美整合，达到 1＋1>2 的效果。

2. 团队的类型

1）自我管理型团队

自我管理型团队通常由 10～15 人组成，大家执行解决问题的方案，并对工作结果承担全部责任，包括控制工作节奏、决定工作任务的分配、安排工作之间的休息、挑选员工、让员工互相进行绩效评估。

世界上很多知名的公司都是推行自我管理型团队的典范，团队内部实行自我管理、自我负责、自我领导、自我学习的运行机制，共同实现团队的目标。

2）多功能型团队

多功能型团队是一种有效的团队管理方式，它为解决某项复杂的任务，制定统一的工作目标和工作规范等，将组织内部来自同一等级但不同工作领域的员工组织在一起完成共同任务。

3）虚拟型团队

虚拟型团队是利用现代信息技术把实际分散的成员联系起来，以实现一个共同目标的工作团队。虚拟型团队可视为现代通信技术、有效的信任与协同、最合适的人选三者的结合体。

拓展阅读

崔文玉和她带领的一线抗疫团队

崔文玉是长春市传染病医院分管临床治疗的副院长，她在传染病医院工作了近30年。她带领医护团队始终坚守在抗疫一线。

疫情发生后的前20天，崔院长每天都在隔离区，穿着防护服进入病房，同科主任、医生共同查看病人，共同制定患者治疗方案，安排患者做影像等各种检查、会诊，她对每个患者的情况都了如指掌。同时她还要时时关注梯队人员的体温和身体状况，查看防护是否到位、隔离区消杀是否合格等方方面面的事务。

她所带领的这支团队非常团结，听从指挥，协作精神强，能吃苦，不怕困难，都主动报名参加一线梯队，没有人强调个人困难，没有人计较个人得失，是一支特别能战斗的队伍。

一些康复出院的新型冠状病毒肺炎患者，他们都有一个共同的心愿和遗憾，那就是不知道在病房里照顾他们的医生、护士长得什么样子，都想回来看看他们，记住他们。他们说，这一生最难忘的就是新冠病毒感染经历，最感谢的就是这些救治他们的医护人员，他们要常记着那片情、那份爱。这一切都使医护人员内心产生了极大的震撼与鼓舞，这也是他们的骄傲，此刻他们体会到人格的升华，精神的巨大满足。一句话：值了。

（资料来源：中国日报吉林记者站，2020. 崔文玉和她带领的一线抗疫团队［EB/OL］.（2020-03-07）［2021-04-11］. https://jl.chinadaily.com.cn/a/202003/07/WS5e6348dca3107bb6b57a5043.html.）

（二）认识团队精神

团队精神是彼此优势互补的团队成员基于共同的价值观念，为了实现团队的共同目标或利益，成员之间积极沟通、团结协作、尽职尽责、顾全大局而又适当展现自身个性的意愿和共识。具体而言，团队精神表现为团队成员对整个团队的强烈认同感、归属感和荣誉感；团队成员对团队事务尽心尽力，认真完成自己所负责的任务，甚至为了团队整体的利益或目标而甘愿牺牲自己；成员彼此之间和睦相处，互相关心和爱护，互相尊重和信任，团结合作，互帮互助。

1. 团队精神的具体表现

团队精神实质上是组织内部的一种团结合作、积极向上的精神风貌，它是团队保持昂扬向上的精神动力，是团队不断超越自己的巨大能量。团队精神的具体内涵主要体现在以下几点。

第一，团队精神的前提是有效沟通。有效沟通是建立高效团队的前提，没有沟通就不能相互理解，没有理解就没有彼此间的信任，没有信任就没有相互合作。一个优秀的团队一定是一个沟通良好、相互理解和信任、团结一致的团队。只有沟通才能消除误解，才能解决分歧，才能达成信任，才能实现合作，从而实现团队目标。

第二，团队精神的基础是发展个性。团队的发展需要每一位成员的共同努力。因此，真正的团队精神应该鼓励团队成员在不损害团队整体利益的前提下张扬个性、展现特长，使团队成员间优势互补，这样既能维护团队整体的利益，又能保障成员个人价值的实现。

第三，团队精神的实质是共同价值观。共同价值观是团队成员判断自身行为的价值标准。当群体成员在目标和利益的追求上一致且力求协同行动时，该群体才算发展为正式团队，并具有浓厚的团队精神。团队精神集中表现在团队成员为了共同的目标或利益，团结协作，同甘共苦。共同的价值观念或目标是团队发展的指明灯，在其引导下，团队成员向同一方向齐发力，产生巨大的合力，加速团队目标的实现。

第四，团队精神的核心是团结协作。在完成团队任务的过程中，团队成员为了不落后于他人会比独自工作时更加认真，完成组织交予任务的效率会更高。一方面，团队成员在工作中会团结合作，荣辱与共；在生活上相互关心，彼此关照；在情感上相互尊重，彼此信任。另一方面，他们又相互学习，取长补短，共同进步，彼此之间相互批评指正，其最终目的都是为了促成彼此间更好地协作，实现团队整体利益的最大化。

第五，团队精神的最高境界是奉献精神。团队精神尊重团队成员发展个性，尊重成员个人的合理利益。当团队整体利益与个人利益发生矛盾时，团队精神倡导通过协商和调节解决矛盾，并不要求个人为了维护团队的整体利益而牺牲自身的利益。奉献精神是在与人共事时从大局出发，在处理个人利益与集体利益的关系时，坚持集体利益优先，甚至牺牲个人利益以维护集体利益，这也是我国一直倡导的集体主义价值观的道德判断标准。从这一角度讲，团队精神是集体主义的最低层次的道德标准，奉献精神是团队精神的最高境界。

2. 团队精神的功能

团队精神作为一种精神力量，凭借其目标导向功能、凝聚功能、激励功能和控制功能无时无刻地对团队成员的言行产生潜移默化的影响，为团队整体的发展提供强大的精神动力。

第一，目标导向功能。团队精神是团队成员在实现团队目标时所表现出来的精神状态、作风。因此，团队精神会引导团队成员齐心协力，拧成一股绳，朝着一个方向和目标努力。团队整体目标的实现需要全体团队成员的合作和努力，且整体目标的实现是一个循序渐进的过程。团队整体的目标会被分解成各个小目标或阶段目标，并将其具体分配到每一个成员身上，引导成员奋斗的方向。

第二，凝聚功能。任何团队都需要一种力量将所有成员凝聚在一起。团队精神通过培养团队成员的团队意识，逐渐促进团队成员将团队价值观融入自身原有思想观念中，实现团队价值观念的内化，从而让每位成员对团队产生强烈的归属感和认同感，将团队成员牢牢地凝聚到一起，肝胆相照，荣辱与共。同时，这种强大的凝聚力又会反过来进一步强化团队精神，周而复始，不断推动团队向前发展。

第三，激励功能。团队精神要求团队成员之间相互合作，积极向上，彼此之间相互学习，取他人之长补己之短，形成一种相互赶超的昂扬斗志，成员之间相互激励，不断进步，只有这样才能提高与人合作的效率。成员之间在丰富知识、提高能力等方面的竞争可以实现激励功能，推动成员不断完善自己，而且这种激励不单来源于物质方面，更重要的是得到其他成员的认可和尊重。

第四，控制功能。一个团队的健康成长，不仅需要一定的制度去约束成员及整个团队的行为和发展方向，也需要团队精神的无形约束和引导。团队精神所产生的控制功能，主要是通过团队中所形成的核心观念、工作氛围等去规范团队成员的思想和行为。这种控制不是强制性的，而是思想意识领域的软性控制。团队成员在团队精神的长期熏陶下，受到潜移默化的影响，从而在不知不觉中转变自己，在思想观念以及行为上不断向团队靠拢，甘心为团队发展贡献自己的力量。团队精神作为团队文化的重要组成部分，对团队成员的影响具有深远持久和深入人心的意义。

拓展阅读

屠呦呦和科研团队合作精神

一袭蓝色礼服盛装出场演讲的屠呦呦“开门见山”。她在演讲伊始就强调：“诺贝尔奖不仅是授予个人的荣誉，也是对全体中国科学家团队的嘉奖和鼓励”。

屠呦呦当天主要讲述了中国科学家40年前在艰苦的环境中从中医药中寻找抗疟新药的故事。

在近30分钟的演讲过程中，屠呦呦多次提及团队合作精神。她指出，没有相互之间无私合作的团队精神，不可能在短期内将青蒿素贡献给世界。

为了向在场听众准确展示当年抗疟研究团队的合作情况，屠呦呦特地制作了一份图表。图表中，蓝底表示屠呦呦所在院团队完成的工作，白底表示其他协作团队完成的工作。

屠呦呦回忆说，为了尽快上临床（编者注：应用），在动物安全性评价的基础上，她曾和科研团队其他成员亲自服用（编者注：青蒿）有效部位提取物，以确保临床病人的安全。

屠呦呦认为，团队精神和无私合作加速了科学发现转化成为有效药物。她再次感谢当年从事抗疟项目中医团队的全体成员，铭记他们的积极投入与特殊贡献。

这位84岁的老人甚至有些动情地说："我衷心祝贺协作单位同行们所取得的多方面成果以及对疟疾患者的热忱服务，对全国523办公室在组织抗疟项目中的不懈努力再次表示诚挚的敬意。没有大家无私合作的团队精神，我们不可能在短期内将青蒿素贡献给世界。"

（资料来源：冯文雅，2015．屠呦呦诺奖演讲强调科研团队合作精神［EB/OL］.（2015-12-08）［2021-04-11］. http://www.xinhuanet.com/politics/2015-12/08/c_128507576.htm.）

二、积极践行团队精神

目标导向功能是团队精神的主要功能之一，也是团队精神最重要的体现，如何完成团队目标成为团队和谐运转的关键。通常而言，构建信任关系、提升公平性、加强有效沟通等都是达到团队目标的重要途径。那么，大学生应如何培养并践行团队精神呢？

1．军训与班级活动

军训是步入大学生活的第一课，一般以班级为单位进行。在新生正式进入大学生活之前开展军训活动，不但能给新生提供相互认识的机会，而且可以增进新组班级的凝聚力。队列训练是军训的重头戏，要想做好队列训练不仅要求班级中的每个学生认真做好每一个动作，而且只有全班学生相互配合才能实现共同的目标，这就体现了团队精神。班级是进入大学生活后的第一个集体，班级建设对学生团队精神的培养有着重要影响。因此，为培养大学生的团队精神，班级要根据实际情况组织更多有自身特色的活动，营造积极向上的班集体氛围，吸引班级成员参与班集体活动，使他们在此过程中彼此关心，互相爱护。班级建设还能使班级成员产生较强的归属感，形成有特色的班级文化，培养和提高大学生的团体意识。

2．宿舍文化与社团活动

除了正式的班级组织，宿舍是大学生日常生活最久的地方。建设好学生宿舍、发挥朋辈效应是培养大学生团队精神的有效途径。通过抓好宿舍文化建设活动，使宿舍内成员形成相互关心、相互帮助的习惯，使学生们意识到集体和团队对个人成长的重要性，并最终达到培养学生团队精神的目的。学生会、团委、各类社团等同样是培养团队精神的重要场所，校园整体的文化氛围在其中起到重要的作用。校园文化不仅能够规范大学生的行为，还能使大学生对学校产生认同感、使命感和归属感，形成强烈的团队意识。鼓励大学生积极参与学校的社团活动，这样不仅能开阔眼界，提高个人能力和素质，更重要的是能够培养大学生的合作意识和团队精神。

3．社会实践与文体活动

理论只有与实践相结合才能发挥它的力量。大学生应积极参与实践锻炼，在实践中逐渐领悟团队精神的真谛。大学生可以通过形式多样的团队社会实践培养团队精神，如社区义务劳动、敬老院和孤儿院的爱心活动、大学生志愿活动、社会调查实践等。在开展团队社会实践活动的过程中，用自己的实际行动服务他人，明确分工，相互配合，相互帮助，增强团队意识和团队合作能力，培养甘于奉献的精神。

大学生团队精神还可以通过丰富多彩的团队校园文体活动加以培养，如球类比赛、校运动会、拔河比赛、师生共同参与完成的群体性文艺活动、就业创业计划活动等。这些活动的顺利完成需要每位参与者的分工合作、相互协调、为大局着想，能让每位参与者都深刻体验团队合作的重要性，增强团结协作的意识。

4. 毕业实习

院校文化的核心是勇于批判、追求真理、崇尚自由等，更多体现的是一种做人的文化；企业文化注重的是规则，讲求服从、鼓励竞争、关注细节等，更多体现的是一种做事的文化。如果大学生仅仅在前一种文化环境下学习，未来却要到后一种文化环境下工作，文化冲突会导致大学生强烈的“水土不服”。企业作为一个正式的团队，有着自己的制度以约束员工的行为，以保持员工团结一致。每个企业都有自己的核心理念和奋斗目标，员工身处企业团队中，要认同企业的共同价值观，彼此之间相互依赖，把自己当作“大家庭”的一员，为共同的目标努力奋斗。企业内部都有一定的组织结构，每位员工的角色定位明确，员工依据角色承担一定责任，履行一定的义务，也享有一定的权利。企业团队的这些特性是企业提高竞争力的重要资源，也是培育团队精神的沃土。大学生在毕业实习过程中培育团队精神，有利于提高大学毕业生的就业竞争力，也为大学毕业生尽快适应工作环境创造了条件。进入企业实习，在具体的团队项目中，大学生能够切身体验到团队的运作、团队成员之间的沟通与协作，以及团队成员所展现的团队意识、协作意识、责任意识和奉献精神。

活动与训练

劳动合作团队精神训练·活动与训练

解手链

【目标】

体会个人能力无法解决问题的时候，或当一个环节出现问题的时候，要从全局角度出发去解决它。

【任务】

和其他人配合，解开手链。

【准备】

地点：无场地限制。

材料和工具：无。

【行动】

（1）让所有学生围站成一个圆圈。

（2）先举起你的右手，握住左手边那个人的左手；再举起你的左手，握住右手边那个人的右手；现在每个人是双手交叉地手拉着手，在手不松开彼此的手的情况下，通过转动身体等动作，做到正常的手拉手状态。

【评价】

要求：任务人评价的内容要围绕本主题，对事不对人，用词要积极向上，不能进行人身攻击。填写表 3-3“解手链”活动评价表。

表 3-3 “解手链”活动评价表

评价内容	个人评价	同学互评	教师点评
你开始的感觉是怎样的，是否感觉思路混乱			
当解开一点以后，你的想法是否发生了变化			
最后问题解决以后，你是否感觉很开心			

活动与思考

1. 火神山医院、雷神山医院能够在极短的时间内建成交付，离不开建设团队的共同合作，通过查找资料，分析他们是如何进行团队合作的。

2. 团队合作需要具备哪些条件？如何使自己尽快融入团队？

3. 劳动实践项目：和同学一起完成某项和本专业有关的劳动。

项目四

公益服务性劳动——劳动成就和谐社会

劳动教育箴言

只有进行了激情奋斗的青春，只有进行了顽强拼搏的青春，只有为人民做出了奉献的青春，才会留下充实、温暖、持久、无悔的青春回忆。

——习近平

能够通过技能报效祖国，是强国一代年轻人无比光荣的事情。

——陈行行（2018年大国工匠年度人物）

当一个劳动者把他的智慧、情感和意志都投入工作的时候，才会在这种最平凡的工作中找到满足的源泉。

——苏霍姆林斯基

赠人玫瑰，手有余香。认识到参与公益服务性劳动既是“助人”，也是“自助”；既能“乐人”，也能“乐己”；既是在帮助他人、服务群众、贡献社会，也是在传递爱心、宣扬文化、传播文明。在公益性服务劳动中坚持奉献精神、责任意识、担当意识，对于促进社会的进步与稳定具有重大意义。

行动导向

1. 什么是奉献精神？如何培育奉献精神？
2. 奉献精神与社会主义核心价值观的关系是什么？
3. 大学生责任意识的培育途径有哪些？公益服务性劳动中的责任意识是什么？
4. 担当意识的内容有哪些？大学生如何培育自己的担当意识？

任务一 关爱他人的奉献精神训练

我是一名传递温暖的禁毒社工

2020 年 3 月 17 日是世界社会工作日，也是国际社会工作日。在新冠肺炎疫情防控的关键时刻，中国的社会工作者（简称“社工”）坚守在抗“疫”一线，同广大疫情防控人员一起，立足岗位、不畏艰险、冲锋在前，用实际行动证明，新时代的社工是好样的，是能够担当大任的。

广州市某大学政法学院 2019 级社会工作专业研究生黄某，也是疫情防控期间广州众多一线社工之一。

作为一名连续两年荣获“广州市社区戒毒社区康复先进个人”称号的专业禁毒社工，疫情期间黄某主动响应广州大同党支部、荔湾区禁毒办的号召，迅速参与到荔湾区防控“两毒”服务中去。

以爱育爱：重点关怀困难戒毒康复人员

困难戒毒康复人员作为易被社会忽视的群体，在疫情防控期间，黄某与其所在的广州大同荔湾禁毒项目社工团队一起深入摸查了这个群体的情况，并利用电话随访、咨询服务、重点帮扶等线上线下相结合的方式迅速开展有针对性且富有成效的工作，凡是服务对象有困难、有需要，他们随时随地开展压力疏导、专业咨询，以缓解个体情绪恐慌。

以心育心：整合力量，构筑协同帮扶模式

在此期间，黄某了解到有一名困难戒毒康复人员 Z 先生（化名）通过咽拭子检验后，需要从强制隔离戒毒所回到社区。Z 先生除了经济困难外，家庭关系较为紧张，获得人际支持的能力很低。经黄某等禁毒社工积极协调，并对其亲属初步开展家庭关系修复的辅导，逐步形成了“街道办、家属、社工”协同帮扶的模式。

专业引领：运用专业知识提供高效帮扶

据黄某所在大学政法学院刘教授介绍，学院对学生和社工进行了大量的专业指导。不仅指导广州市大同社会工作服务中心的社工撰写疫情防控服务宣传材料，还带领社工专业教师、研究生及社工编写了《疫情社区工作指引》《不同版本诊疗方案演变取向探析》《不同版本防控方案演变取向探索》，以专业的态度、敬业的精神、高度的责任感，积极寻找、创造、链接和提供帮扶。

这次服务经历，既锻炼了理论基本功，也让黄某坚定了毕业后从事社会工作的信念。黄某呼吁：“逆行不分你我，希望身边更多的居民朋友可以积极投身志愿服务，同时也给予特殊困难人员关注支持，共克时艰，共迎春暖花开时！”

（资料来源：赵鑫全，张勇，2020. 新时代大学生劳动教育［M］. 北京：机械工业出版社.）

关爱他人的奉献精神
训练·知识与能力

一、奉献与奉献精神

走向社会，认识社会，服务社会，是当代大学生成才的必然要求。劳动是个人与社会之间的纽带。结合专业特点，动手实践，出力流汗，接受锻炼，磨炼意志，亲历实际的劳动过程，利用所学的知识和技能服务他人和社会，切实体会社会主义社会平等、和谐的新型劳动关系，学会分工合作，学会建设世界，是当代大学生的责任与使命。

热爱公益服务性劳动，让社会充满能量。在我们的国家建设和社会发展过程中，涌现出了一批又一批的公益人，他们的先进事迹时刻鼓励、感动着我们，大学生应向他们学习那份对工作的激情和无私。正是因为有劳动者的无私奉献，我们才拥有了精彩的故事；也正是因为劳动者的责任意识，我们才拥有了今天的成就。时代在发展，社会在进步，公益性服务不能停止，我们的热情要更加澎湃，要有爱国爱家的担当精神，为中国经济社会发展汇聚强大正能量，激励更多的人来了解先进、学习先进、创造先进。

“奉”在金文中是象形文字，像一双手捧着玉，古代可以和“捧”通用。《说文解字》解释为“奉，承也”，是敬承的意思；《辞海》中解释为“奉即捧”，有三重意思：进献；进献的东西；进贡。“献”字在《说文·犬部》中被理解为“献，宗庙犬名羹献，犬肥者以献之”，段玉裁在《说文解字注》中将这句话解释为“献，本祭祀奉犬牲之称”。《辞海》中“献”原意为“献祭”，指把实物或意见等恭敬庄严地送给集体或尊敬的人。从字面意思来讲，奉献就是恭敬地交付、呈献或指奉献出的东西，意同贡献。

在社会主义新时期，各专家学者对奉献及奉献精神的含义有了更加丰富的解释。有人认为“奉献，是一种真诚自愿的付出行为，是一种纯洁高尚的精神境界”；有人认为“奉献就是不计回报的给予，是一种牺牲精神”，不是让人仰望的，而是发生在身边的；可以说“奉献既是一种高尚的情操，也是一种平凡的精神”。各专家学者的说法都离不开一个核心——自愿，都认为奉献是一种高尚的精神境界。依据以上理解，奉献可以概括为在合法的前提下，自愿满足他人和社会需求的行为，是一种高尚的精神境界，其实质是个人利益与他人利益、个人利益与社会利益关系的处理。

研究专家学者们对奉献精神的含义界定可以发现，学者们普遍认为奉献精神能够指导主体实施奉献，具有高度自觉性和不求等价交换的特征，核心是个人利益与他人、社会利益的关系问题，实质是一种高尚的道德品质，在处理个人与他人、社会利益的关系时，能够自觉让渡或舍弃个人利益。但也有一些学者提出，“新时期的奉献精神应对主体的自我物质需求有更多尊重与宽容，在‘利人利己’的基础上谈奉献，在个人价值的实现与社会和谐的目的中讲‘为人民服务’，通过‘我为人人，人人为我’的新时期道德观来评价与审视主体的道德行为与道德目的”。奉献精神发展至今，其内涵上有了更加丰富的解读，其表现形式上发生了一些新的变化，当代奉献精神最具代表性的就是雷锋精神和志愿精神。

雷锋精神是以雷锋命名、以雷锋同志的精神特质为内涵的革命精神，其实质和核心是全心全意为人民服务的奉献精神，是奉献精神当代解读的一个方面。

自毛泽东同志号召全党全国人民学雷锋以来，雷锋精神伴随着时代的进步不断丰富和发展着自己的内涵，到目前为止，雷锋精神包含了助人为乐、勤俭节约、爱岗敬业、积极进取、公而忘私等精神特质，与奉献精神特质高度一致。弘扬雷锋精神有利于社会主义核心价值体系建设，有利于社会主义精神文明建设，与奉献精神培育在意义上高度一致。

志愿精神又叫志愿服务精神，是指一种互动精神，它提倡互相帮助、助人自助，概括起来讲就是奉献、友爱、互助、进步，与奉献精神在实质和目标追求上是一致的。志愿精神起源于19世纪初，我国志愿精神的发展是在20世纪80年代末，近几年受到越来越广泛的关注。参与志愿服务的人称为志愿者。志愿精神的践行方式是志愿者凭借自己的双手、头脑、知识、爱心开展各种志愿服务活动，帮助那些处于困难和危机中的人们。志愿者的来源大都是大学生，提倡志愿精神十分有助于大学生奉献精神的培育。

社会主义道德建设对奉献精神的解读是我国对奉献精神的主流解读。社会主义道德建设为人民服务的核心，集体主义的原则，爱祖国、爱人民、爱劳动、爱科学、爱社会主义的基本要求，社会公德、职业道德、家庭美德的着力点都包含和渗透着奉献精神。社会主义道德基本要求“爱国守法、明礼诚信、团结友善、勤俭自强、敬业奉献”从社会生活的各方面要求着人们，也鼓励着人们为社会进步和国家建设而奉献。例如，在党员干部和军队建设中，奉献精神被解读为“全心全意为人民服务”，在职业道德中，奉献精神被解读为敬业奉献。

综上所述，社会主义新时期的奉献精神应该是以为人民服务为本质，在处理个人与他人、社会利益关系时，保持双赢或多赢局面，必要时让渡或舍弃个人利益保全他人、社会利益，具有高度自觉性和利他性的高尚的道德品质和精神追求。

拓展阅读

此生属于祖国　因而无怨无悔

黄旭华，1926年生，广东揭阳人，原中国船舶重工集团719所名誉所长，中国工程院院士，曾先后担任我国核潜艇工程第一代副总设计师、总设计师，主持了第一代核潜艇的研制，为我国核潜艇的从无到有、跨越发展探索赶超做出了卓越的贡献。

1. 自力更生从零开始

我国自行研制核潜艇是在一穷二白的基础上起步的；是在技术先进国家对我国严密封锁情况下，自力更生，白手起家的；是全国大力协同，顽强拼搏，克服种种难以想象的困难，攻克一个又一个顶尖的技术难关，从无到有，从弱到强，一步一步地发展壮大起来的。

1949～1953年，我国国民经济遭受多年的战争破坏，还来不及整顿恢复，就被迫进行抗美援朝保家卫国战争。我国本来科学技术和工业生产能力就很薄弱，严格地说，那个时候还不具备研制核潜艇的基本条件。

除了科学技术和生产能力外，我们面临的更大困难是：没有有关核潜艇的专业技术人才，一个也没有；缺乏有关核潜艇的专业知识，对于核潜艇，几乎一无所知，手头没有有关核潜艇的技术参考资料，苏联援华留下的常规动力潜艇设计建造资料满足不了核潜艇的要求；国外对我国严密封锁，更没有专家可以帮助指点迷津，一切都得依靠自己，从零开始。

2. 无私奉献成就担当

我国自行研制的核潜艇首制艇，1965 年正式立项进入型号研制开始设计，1968 年开工建造，1970 年下水，1971 年完成系泊试验进入航行试验，1974 年 8 月 1 日交付海军，只因北海水浅，极限深潜试验和水下全功率最高航速试验到 1988 年才在南海进行，研制进度之快，在世界核潜艇研制史上是罕见的。

1974 年首艇交艇时，黄旭华总结了研制工作中成功的经验和教训，把“自力更生、艰苦奋斗、大力协同、无私奉献”四句话 16 个字归结为“核潜艇精神”，这四句话 16 个字是参与核潜艇工作广大职工的共同指导思想和具体行动纲领，激励着大家只争朝夕、奋勇拼搏。719 所的工作人员淡泊名利、隐姓埋名、奉献了宝贵的青春年华，又奉献终身，他们热爱祖国、热爱核潜艇事业。如果问他们对此生有何评述，他们会自豪地说：“此生没有虚度！”再问此生有何感想？他们坚定地回答：“此生属于祖国、属于核潜艇，献身核潜艇事业，此生无怨无悔。”

这就是他们的人生观，他们的社会主义核心价值观，他们的科学道德观。他们献身核潜艇事业，他们做的每一件事、说的每一句话，都是对“使命、责任、担当”的诠释，那么真切朴实，那么感人至深！这一代人留下的不仅仅是巨大的成功和光辉的业绩，还有伟大的精神财富。

（资料来源：黄旭华，2020. 黄旭华：此生属于祖国　因而无怨无悔［EB/OL］.（2020-01-15）［2021-04-11］. http://www.wenming.cn/specials/xzg70s/ghgxz/shij/202001/t20200115_5381408.shtml.）

二、培育奉献精神的意义

大学生奉献精神的培育近年来少有人提及，但奉献精神对于即将进入社会的大学生来说是不可或缺的，培育大学生奉献精神的意义重大。

2006 年 10 月，党的十六届六中全会通过的《中共中央关于构建社会主义和谐社会若干重大问题的决定》第一次明确提出“建设社会主义核心价值体系”的重大命题和战略任务。随着现实的变化和广大人民群众精神文明需求的日益增加，人们越来越认识到提炼社会主义核心价值观的必要性和迫切性。在 2012 年的中共十八大报告中，胡锦涛同志又提出了社会主义核心价值观，凝练为“三个倡导”，即“倡导富强、民主、文明、和谐，倡导自由、平等、公正、法治，倡导爱国、敬业、诚信、友善，积极培育社会主义核心价值观”，从国家、社会、个人三个层面对全党全国人民提出了新的要求。奉献精神是一种价值追求，培育大学生奉献精神对培育和践行社会主义核心价值观起着积极的促进作用。

社会主义核心价值观的践行主体包括国家、社会团体和个人，但最基本的主体是个人，是广大人民群众。价值观是个人内心深处的信仰，奉献精神是个人的道德品质。国家主体和社会团体主体都依靠个人运作，因此，培育社会主义核心价值观主要是通过每个个体在发挥作用。

首先，奉献精神是一种价值追求，与社会主义核心价值观的要求是一致的。按照科学社会主义价值理想，共产主义社会将在打碎旧的国家机器、消灭私有制的基础上，消除阶级、城乡、脑力劳动和体力劳动之间的对立和差别，实现社会物质财富的极大丰富和人民精神境界的极大提高，实行各尽所能、各取所需，实现每个人自由而全面的发展，在人与人、人与社会、人与自然之间都形成和谐的关系。正如《共产党宣言》中所说的，“代替那存在着阶级和阶级对立的资产阶级旧社会的，将是这样一个联合体，在那里，每个人的自由发展是一切人的自由发展的条件”。这样的价值理想与以为人民服务为本质，处理人与人、人与社会之间关系为实质，并且强调他人和社会利益的社会主义奉献精神相一致。

其次，奉献精神是一种思想观念，是个人高尚的精神境界，有利于抵制西方资本主义文化的渗透，帮助全国人民凝聚共识。一个国家的强盛不仅需要强大的物质实力，还需要达成明确而强大的价值共识，以满足人民的精神生活需要。

随着改革的不断深入，在物质生活极大丰富的同时，一些人的思想观念在西方资本主义思想文化（如奢靡享乐主义、拜金主义等）的侵蚀下，出现浮躁、多变的现象，使我国人民对精神文化生活的需求更加迫切，奉献精神作为积极健康的价值追求，更显得尤为可贵。培育大学生的奉献精神能够占领青年人的思想阵地，有助于人们凝聚共识。

最后，培育奉献精神有利于社会主义核心价值观的培育和践行，二者能够相互促进。培育大学生奉献精神能够带动全体劳动者积极投身于社会主义现代化的建设中，增加社会物质财富，符合富强、民主、文明、和谐的倡导；能够为社会发展带来动力，使统筹各方面利益更加便利，有利于实现人的自由发展，符合自由、平等、公正、法治的倡导；能够提高人们的道德品质和精神境界，符合爱国、敬业、诚信、友善的倡导。

拓展阅读

习近平给河北保定学院西部支教毕业生群体代表回信

中共中央总书记、国家主席、中央军委主席习近平给河北保定学院西部支教毕业生群体代表回信，向青年朋友致以节日的问候，勉励青年人到基层和人民中去建功立业，在实现中国梦的伟大实践中书写别样精彩的人生。

习近平在信中表示，“你们响应国家号召，怀着执着的理想，奔赴条件艰苦的西部和边疆地区，扎根基层教书育人，十几年如一日，写下了充满激情和奋斗的人生历程。你们的坚守、你们的事迹，令人感动”。

习近平指出，“我在西部地区生活过，深知那里的孩子渴求知识，那里的发展需要人才。多年来，一批批有理想、有担当的青年，像你们一样在西部地区辛勤耕耘、默默奉献，为当地经济社会发展、民族团结进步作出了贡献”。

习近平强调，同人民一道拼搏、同祖国一道前进，服务人民、奉献祖国，是当代中国青年的正确方向。好儿女志在四方，有志者奋斗无悔。希望越来越多的青年人以你们为榜样，到基层和人民中去建功立业，让青春之花绽放在祖国最需要的地方，在实现中国梦的伟大实践中书写别样精彩的人生。

2000年，响应国家西部大开发的号召，河北保定学院的15名毕业生毅然放弃多家用人单位的录用及继续深造的机会，带着户口选择到万里之遥的新疆且末县中学任教。截至2013年，这所学校已有97名毕业生在新疆、西藏、贵州、重庆、四川等地基层工作。虽然条件艰苦，但十几年来没有一人退缩，全部扎根在西部大地，参与见证了西部的改变和发展。他们的事迹经《光明日报》报道后引起广泛关注。近日，这批西部支教毕业生群体代表给总书记写信，汇报了他们的工作和生活情况，表示，一个人的选择只有契合时代要求、符合人民需要，才会有意义有价值。西部需要我们这样的普通劳动者，我们愿像一棵棵红柳、一株株格桑花一样，扎根西部、坚忍不拔、甘于吃苦、平实做人，为广袤的土地带去无尽的生命力。

（资料来源：史玮，2014．习近平给河北保定学院西部支教毕业生群体代表回信［EB/OL］.（2014-05-03）［2021-04-12］．http://www.gov.cn/xinwen/2014-05/03/content_2670639.htm．）

三、培育奉献精神的对策

（一）增强自身在奉献精神培育中的主动性

主动性是个体按照自己规定或设置的目标行动，而不依赖外力推动的行为品质。只有增强大学生在奉献精神培育中的主动性，大学生才会改变对奉献精神培育的态度，变被动为主动，进而提高奉献精神培育的实效性。

（二）提高自己在奉献精神培育中的能力

大学生是奉献精神培育中的对象、参与者和实践者，培育奉献精神，需要大学生提高自己各方面的能力，包括学习能力、人际交往能力、实践能力等。

大学生是奉献精神培育的对象，要求大学生有较高的学习能力。奉献精神培育对大学生来说是一个自我学习的过程，大学生的学习能力越高，越能快速高效地帮助大学生培育奉献精神。大学生必须发挥自主性，主动学习理论知识、借鉴他人经验提高自己的学习能力；发挥主观能动性，思考学习方法、总结学习经验提高自己的学习能力。

大学生是奉献精神培育的参与者和实践者，要求大学生有较高的人际交往能力和实践能力。

第一，作为参与者和实践者，大学生需要积极配合和参与奉献精神的培育活动，因此需要提高自身的人际交往能力。一方面，可以和培育者进行良好交流，以有利于自己的学习；另一方面，可以在参与如“春运志愿者”等具体的奉献活动时与帮助对象进行良好交流，以有助于完成奉献活动。提高人际交往能力可以通过多看书丰富自己的词汇与阅历，多与人交流锻炼自己的口才和心理素质。更重要的是要通过看书和与人交流了解社情民情，能够设身处地为社会和他人着想，这样才能更好地与人沟通交流。

第二，奉献活动需要大学生自己组织策划并将其付诸实践，提高大学生的实践能力有助于大学生将所学理论运用于实践中，有助于大学生践行奉献精神。

提高大学生实践能力的方法很多，如参加实训课程、参加各类比赛竞赛，或者参加各类适合自己的实践活动，但参加奉献实践活动一定是适合所有人的方式之一。无论采用什么方式方法，大学生都要在实践中积累经验，锻炼和提高自己的能力。

（三）将奉献精神内化为自己的道德品质

“每一个人思想品德的形成都是从知、情、信、意、行这几个心理过程的基本要素的运动变化开始的”，因此，新时代大学生奉献精神的培育要端正大学生对奉献精神及奉献精神培育的认识，让大学生了解奉献精神及奉献精神培育的内涵和意义，对奉献精神及奉献精神培育产生正面的情感，坚持奉献精神的意志，践行奉献精神的信念，最后外化奉献精神为自己的行为。所以，首先要解决思想的内部转化问题。

第一，正确认识奉献精神及奉献精神培育的内涵、意义，树立正确的人生观、价值观。思想品德结构有思想、心理、行为三个子系统，其中思想包括人的世界观、人生观、价值观等内容。思想制约和支配着思想品德的其他两个方面，又与其他两方面共同构成思想品德，具有非常重要的地位。大学生奉献精神的培育应发挥大学生自身的作用，树立正确的人生观、价值观，尤其在价值观方面，应注重个人价值与社会价值的统一，树立人的价值在于为社会多做贡献的价值观。

第二，自觉培养对奉献精神及奉献精神培育的认同。对事物的认同需要对这一事物产生正面的情感。培养对奉献精神及奉献精神培育的认同感，大学生可在对它们正确认识和理解的基础上，了解一些与奉献精神相关的小故事，在正面情感的感化下逐渐形成对它们的认同。

（四）在践行奉献精神方面做到知行统一

大学生奉献精神培育要求践行奉献精神，做到知行统一。行为是道德品质的重要构成、外在表现和重要标志，大学生奉献精神培育最终落脚点一定是在大学生的行为上。人的内在思想可以总称为“想”，人的行为可以称为“做”，想和做之间是存在差距的，会想不一定会做，只有通过实践，变想为做，才能说某人身上具有某种道德品质。大学生奉献精神培育只有变想为做才能真正实现自己的价值。大学生践行奉献精神，参与奉献活动，就是变“想”为“做”，完成思想品德的外化过程。大学生作为奉献精神的参与者和践行者必须敢想敢做，敢于担当，勇于实践。

担当就是接受并负起责任，敢于担当就是要对国家、社会、他人和自己负起责任来。奉献精神培育要求大学生有高度的社会责任感，对大学生而言，努力学习、不断进取和超越自己就是对自己负责，就是为践行奉献精神做准备，就是培养自己的社会责任感，就是敢于担当。大学生践行奉献精神在敢于担当的基础上还需勇于实践。

实践是培育大学生奉献精神的有效途径，大学生要有主动实践意识，积极参加各类奉献活动，培养自己的社会责任感和奉献意识，拓宽知识面与视野，锻炼表达与社交、团队合作与组织管理等各方面的能力，在实践中体会奉献的美，感受奉献的快乐，使奉献精神真正成为自己的道德品质。

活动与训练

关爱他人的奉献精神训练·活动与训练

志愿服务之行

【目标】

通过志愿服务活动践行奉献精神。

【任务】

参加志愿服务活动，弘扬“奉献、有爱、互助、进步”的志愿服务者精神。

【准备】

地点：据志愿服务活动地点而定。

材料和工具：据志愿服务活动内容而定。

【行动】

以宿舍为单位（选择一名组长），策划一次志愿服务之行。策划志愿服务之行时要注意活动要合理、可行，形式要新颖、有创意，整个志愿服务执行要考虑全面。

【评价】

填写表4-1“志愿服务之行”活动评价表。

表4-1　“志愿服务之行”活动评价表

评价内容	个人评价	同学互评	教师评价
志愿服务活动可行性			
积极主动参与志愿服务			
达到预期的服务效果			
能从中体会奉献的快乐			
在服务过程中传递志愿服务者的精神			
在服务过程中表现优秀			

活动与思考

1. 你认识的具有奉献精神的人有哪些？他们是如何奉献社会、服务他人的？
2. 你参加过哪些志愿服务活动？在活动中你受到了哪些启发？
3. 策划一次志愿服务活动。

联合国大会于1985年通过决议，从1986年起，每年的12月5日设为国际志愿者日，以强调志愿者的重要作用，并鼓励更多的人以志愿者的身份开展活动，促进社会发展。

以“12·5国际志愿者日”为主题策划一次志愿服务活动，弘扬“奉献、友爱、互助、进步”的志愿者精神，引导和鼓励周围的人积极参与志愿服务。策划时，可以灵活选取活动形式，但要注意结合当地实际情况，使活动切实可行。

4. 劳动实践项目：敬老院志愿服务。

任务二 超越自我的责任意识训练

20 多个春节没回家 他是穿越悬崖峭壁的秦岭深山巡线员

“远看像要饭的，近看像逃难的，仔细一看原来是巡线的。”曾有人用这样的话来形容巡线工的辛苦。

周红亮就是这样一位巡线工。他日复一日，奔走于秦岭深山无人区，及时掌控着输电线的每一处变化。20 多年来，他奔走了 6 万多公里，发现处理线路缺陷上万处，确保了维管线路 20 余年无人员责任故障，保证了辖区铁路、工农业用电安全，以自己的行为诠释着新时代工匠精神。

守护两个“第一”

周红亮巡视维护的设备里有两个“第一”，一是新中国第一条电气化铁路——宝成铁路，二是新中国第一座带负荷融冰变电站——110 千伏融冰变电站。

秦岭山脉是我国南北气候分界岭，高山险峻、环境复杂。班组维管的线路跨越两省两区三县，维护半径 260 余公里，巡视一遍要徒步 2000 多公里。

秦岭“重冰区”线路共有 6.2 公里，北起秦岭北麓观音山，南至秦岭腹地的黄牛铺镇，涉及 27 基铁塔。平时天气好的时候他们两天巡检一次，每次需要步行 6 个多小时，还要跨越 3 处铁路线，翻过大小十多个山头，天天往山里跑。遇到气温持续偏低的时候，他们巡检的重点区域增加到每天一次。安全教育、工作分工、时间控制，班组成员各司其职，迅速进入工作状态。

宝成铁路穿越秦岭山区，巡线路上，周红亮不知有多少次和狼、熊、野猪等野兽不期而遇，险象环生。110 千伏融冰站都是在冬季最冷的时候开始融冰工作，站内条件艰苦，从他第一次开始融冰值班喝的就是山沟里的冰水，在最艰苦的时候，在最寒冷的冬夜，他放弃和家人团聚的时间，深入深山，带负荷融冰。

周红亮说，有一次春节期间，他把妻子和儿子带到了工作现场。“在这里啥都没有，连个电视都看不上。”大过年的在城市里面多热闹，但这个工作得有人去做。“慢慢地，家人也就理解了。”

“我爱发明”

这几年，大家对巡线工的印象越来越好，已经从过去那种简单的俭朴形象转变为高质量的产业技术工人。在这个过程中，周红亮的秘诀是创新。在长年艰苦枯燥的工作中，周红亮找到了乐趣，就是思考、解决工作中遇到的问题。

为了避免在巡线过程中遭到动物伤害，周红亮带领班组成员研发了“防蜂帽”。当巡线工走在山里的小道时，如果不小心触碰了“地窝蜂”，就立即将头上“防蜂帽”的丝网放下，可以完全制止马蜂袭击，达到保护头部、颈部的作用。

在解决导线接点发热带电处理的问题上，他潜心研究始终没有突破，一次偶然的机会，他在被升起的车窗玻璃夹到手后突发灵感，提出应用电动遥控压接方法，研制出了“遥控式电动分流器”，实现了带电遥控导线分流，消除了线路运行隐患。

面对导线悬挂异物人工难以清除的问题，他创造性地提出采用遥控机械清除，经过不断改进，研制出“线路除障精灵”，保障了线路除障作业安全。为了方便巡线工工作，他依据多年巡线经验研制出多功能巡线背包，背包的每一处设计都独具匠心，工具、仪器、药品、水壶、饭盒等都有了专用的空间，既方便携带，又适于现场工作，再也不用担心仪器损坏和物品遗漏了。在山区巡线遭遇蛇害比较普遍，他研制出了防蛇工具，有效避免了蛇害导致的线路故障。

“夏顶烈日，春秋披霜露，冬踏冰雪。”曾有人用这样的话来形容巡线保电工作的辛苦。在周红亮看来，“这些年，我们的工作的精神和状态一直是没有变的，从我上班起，我师父把接力棒交到我手里以后，再到我的徒弟来这里工作，一代一代坚守、坚持，保证了线路的畅通”。

高高铁塔巍然屹立在群峰之间，一个电力工人背依渭北台塬，凝望天空，目光炯炯有神。这种昂然的姿态，是对信仰的追求。

（资料来源：弟辰晨，2019．20 多个春节没回家，他是穿越悬崖峭壁的秦岭深山巡线员［EB/OL］.（2019-09-18）［2021-04-11］. https://baijiahao.baidu.com/s?id=1645008329224031977&wfr=spider&for=pc.）

知识与能力

超越自我的责任意识训练·知识与能力

一、责任意识

责任意识是指主体在了解社会赋予自身的角色的基础上，对角色职责的自我意识。责任意识是主体自我意识的体现，它是责任认知、责任情感与态度，以及责任意志的综合体，包括两方面的内容，即自我责任意识和社会责任意识，通过生命意识、环保意识、忠诚意识、使命意识、关爱意识等自我意识表现出来。责任意识反映了主体自我意识的自觉程度，说明真正具有责任意识的主体应该是自由自觉的存在，能够在自我意识的指导下做出理性选择。当个体在丧失自由的强权状态下按照某种要求产生的思想就并非责任意识，因为其思想与行为是出于被动强迫而非主观自觉。

大学生的责任意识是指大学生这一特殊群体所具有的对责任对象负责的自觉意识。大学生作为责任主体，因其扮演的角色不同，承担的责任不同，所具有的责任意识也具有特殊性。大学生首先是青年学生的身份，要对自己的健康成长负责，因此应具有生命责任意识；大学生是父母的子女，要对家庭的存续负责，应具有家庭责任意识；大学生是社会人，要对国家和民族负责，竭力完成从“校园人”向“职业人”的社会性转化，做中国特色社会主义的可靠建设者和接班人，应具有使命意识和奉献意识。大学生责任意识的特殊性源于两个方面：现实要求上，“421”的家庭模式和中华民族伟大复兴的历史任务赋予了大学生责任与众不同的内容与意义，出于更多的社会期待，大学生的责任意识必须着眼于整体；主观条件上，作为年轻人中的优秀群体，大学生又是最有思想力和易感性的人群，比“小学生”“中学生”更理性，比中年人、老年人有热情，因此更要主动肩负、时刻承担责任。

大学生责任意识是指作为责任主体的大学生在对其角色的社会要求具有一定理解和认识的基础上，在自觉意识支配下形成的对自己和他人、家庭和社会、国家和民族等责任对象承担责任、履行义务的认知水平、情感态度以及意志品质的综合。大学生责任意识既包括对国家、社会、家庭等对象的社会责任意识，也包括对自己生存和发展所必需的自我责任意识。

拓展阅读

向技艺极限冲击

陈行行，中国工程物理研究院机械制造工艺研究所加工中心特聘高级技师。

陈行行是一个从微山湖畔小乡村走出来的农家孩子，10年时间破茧成蝶，在投身我国核武器研制的宏伟事业中，成长为数控机械加工领域的能工巧匠。陈行行擅长薄壁类、弱刚性类零件的加工工艺与技术，是一专多能的技术技能复合型人才。

陈行行在核武器科技事业中从事着高精尖产品的机械加工工作。他能熟练运用现代化的大型数控加工中心完成多种精密复杂零件的铣削加工，掌握了多种铣削加工参数化编程方法、精密类零件铣削及尺寸控制方法和铣削钻削等成型刀具的手工刃磨方法，同时还具备数控车技师、高级制图员、二级模具设计师等8项职业资格。他编程功底扎实，操作技术精湛，尤其在新设备运用、新功能发掘和新加工方式创新等方面，成为研究所新型数控加工领域的领军人才。

2006～2011年，陈行行先后在山东技师学院机械工程系学习，在某食品设备有限公司从事机加工艺与数控程序编制、调试及新产品开发等工作。这期间，他凭着刻苦钻研、踏实勤奋，取得了相当不错的成绩：第四届全国数控技能大赛职工组加工中心（四轴）第四名、山东省富民兴鲁劳动奖章、山东省技术能手。

2011年，陈行行无意中与中国工程物理研究院结缘，他决心在一个新的更大的平台上为实现强国梦、强军梦而努力，最终他选择了投身国防事业。研究所为陈行行提供了良好的工作条件。他操作的设备是国内一流的高精尖数控设备，干的活是高精尖的国防尖端产品。对他而言，责任更大，要求更高。面对压力，他更有着一股子不认输、不服软的冲劲儿。

在各级领导无微不至的关怀下，在师傅们悉心的教导和帮助下，陈行行如饥似渴地学习新知识、新工艺、新技术，参加各种技能培训，了解熟悉军工产品的特点和要求，反复领会加工工艺和图样，认真分析加工工艺路线和所需要的刀具，严格按照工艺流程生产，并从中不断寻找更优化的加工方法。同时，核武器科技事业的优秀文化也在一点一滴地熏陶着陈行行，“铸国防基石，做民族脊梁”“国家至上、事业第一”“严肃认真、周到细致、稳妥可靠、慎之又慎、万无一失”“铸神工、创一流”……这些文化理念让他从内心深处认识到所投身事业的崇高神圣，认识到自己所从事的工作极为重要。他为自己写下了这样的人生信条：“投身国防，扎根岗位，技能成就人生，学习创造未来。”

陈行行先后取得了加工中心高级技师、数控车技师、高级制图员等8项职业资格，掌握了多种铣削加工参数化编程方法、精密零件铣削及尺寸控制方法和成型刀具的手工刃磨方法。

创新，已经融入陈行行的血液里。作为研究所唯一的特聘技师，陈行行具体管理着3个高技能人才工作站，兼任某壳体高效加工和加工中心两个高技能人才工作站的领办人。作为高技能人才工作站的领办人，陈行行和他的团队有信心把工作站建设成数控加工创新成果的孵化器。

陈行行很豁达。那些多年工作、学习和比赛积累的心得经验、窍门绝活，他都毫不保留地分享给其他同事。在机械加工领域，原理是相通的，关键是怎样活学活用，融会贯通。陈行行从不担心“教会徒弟饿死师傅”，也不相信“同行是冤家”的说法，他对同事们倾囊相授，内心非常坦诚，“吾生有涯，而知无涯”的道理他理解得很通透。

陈行行一直在用心做好多重角色：一线生产工人、参赛选手、师傅或者培训老师、攻关团队领办人等。他觉得这是一种充实和完美。展望未来，陈行行认为，整个社会都在飞速前进，新知识、新技术日新月异，自己一定要不断学习、终生学习，在数控加工领域永葆创造力和竞争力。因为，志高方能行远。

（资料来源：赵楠楠，2019. 陈行行：向技艺极限冲击 [J]. 中国工人，6（1）：20-21.）

二、公益服务性劳动中的责任意识

1. 他人责任意识

我国古代的思想家们提倡“修己安人”的思想，推崇珍视自我、关爱他人的道德品质，如孔子云“己欲立而立人，己欲达而达人”“己所不欲，勿施于人”。这些思想表明人不仅仅要对自己负责，而且还要关爱他人，对他人负责。他人是个人社会生活的必要条件，个人与他人的相互作用才构成社会，脱离他人的社会是不存在的，个人也就无法独自生活。随着社会分工的扩大，人与人的交往更加密切，相互尊重、相互关爱的意识更加强烈，这就要求我们必须正确处理好个人与他人之间的关系，树立正确的他人责任意识。因此，大学生在与他人相处的过程中要懂得尊重他人，尊重他人的人格发展，如尊重老师，尊重同学，构建良好的师生、生生关系。同时，大学生必须关爱和帮助他人，树立助人为乐、乐善好施的他人责任意识。例如，在学习方面，自信的学生应鼓励自卑的学生；在生活方面，家庭富裕的学生应帮助贫困生。在社会中，大学生应该积极承担社会人应该承担的责任，在危难之时尽自己的绵薄之力，积极投身于救援的队伍中，以自己的实际行动深化他人责任意识。

2. 社会责任意识

马克思曾说过，“人不是孤立的个体，人是一切社会关系的总和”，这句话表明人是社会中的人，人必须承担起社会赋予的责任和使命，即社会责任。与之相对应的，社会责任意识是一种道德情感，强调的是社会成员在一定社会条件中对社会承担责任的态度，包括热爱祖国、国家富强、服务人民、奉献社会等。那么，当代大学生作为国家的希望、民族的未来，作为社会主义事业的建设者和接班人，更应该具备社会责任意识，尊重被社会认同的主流思想与价值观念，遵守社会的基本道德与法律规范，以此来服务和奉献社会。首先，大学生必须具备爱国责任意识，弘扬爱国主义传统道德，把自己的命运与国家的发展联系起来，用实际行动来报效祖国。其次，大学生必须遵循以人为本的理念，坚守为人民服务的宗旨，用自己所学的知识与技能服务人民，为更好地满足人民的生活而不断学习、为获得更有价值的人生而努力付出。

拓展阅读

大学生公益的至行者

宫啸，北京交通大学理学院知行班2014级应用物理学专业本科生。他的大学生活，一是治学，连续三年获国家励志奖学金，获国家级、省部级科研奖项5项；二是公益，他参与组建的“至行广益”公益团队，联合社区、媒体、高校，组织开展第二季“西海固启蒙助学公益计划”系列活动，被团中央未来网、北京卫视等媒体报道。宫啸于2017年获团市委“青年服务国家”社会实践先进个人荣誉称号，其团队连续两次获评首都大中专学生暑期社会实践百强团队。他勤奋治学，专注科研，立足学生本分，而回顾大学四年，真正带他走出象牙塔，承担当代青年大学生历史使命与责任的是一段两年半的公益旅程。

1. 一本字典，初识公益

两年前，宫啸作为“至行广益”团队八位初始成员之一，在19号楼底新书院，听发起人王悦廷第一次讲述宁夏西海固地区实地调研结果，那是一系列照片的故事，后来这些故事由各位至行者讲给了更多人听。

干燥的梯田、牵牛耕地的农民、一个刚放学就要去帮忙的孩子，构成了这幅照片的主元素。孩子叫阿布，阿布说他的梦想是拥有一本属于自己的新华字典。照片拍摄地位于宁夏西海固山区，这里，位于古丝绸之路要塞、红军长征收官之地——六盘山下。“第一次看到这些照片时，并不觉得这里风景秀美，也许‘凄美’更合适，我在想我这么大时，晚上放学后，写作业，看看课外书，看看电视，而这里连绵的群山，却阻挡了孩子们了解外界的眼光。”宫啸回忆道。

土地贫瘠限制了这片地区的发展，群山环绕使这里的教育缺乏关注，这片大山里有成百上千个像阿布这样的渴望知识的孩子。送孩子们一本字典、一本课外书成了宫啸和伙伴们开展“西海固启蒙助学公益计划”第一季的初心，也是他今后两年公益道路风雨无阻的动力。

2. 至深行远，知切躬行

“至之远而亲为，知之切而躬行”是“至行广益”团队的一个公益理念。2017年“六一”前夕，宫啸和团队成员带着来自北京社区居民、高校同学的“六一”祝福和募捐的书包、文具、课外书等礼物，前往第一季活动的实施学校——西吉县黑泉口小学，开展“特别的爱给特别的你”“六一”特别活动，并进行反馈调研，从银川繁华都市到西吉绵绵群山，从6:00到14:00，要走数百公里的山路。

那天活动开展完后，宫啸站在校门口的一个土包上，问一个孩子家在哪里，孩子指了指远处的一个山包，说翻过去就是。他又问另一个，孩子沿着一条要修的土路跑跑跳跳，说一直走到头就到了。他就那样在夕阳下目送孩子们一直消失在了视野之中，那一刻，路途奔波的疲惫早已消失殆尽，有的只是一腔热血。他意识到，即使在那样的环境下，孩子们每天上学也会心怀阳光，风雨无阻，而他要做的还有很多。

2020年，全国各地脱贫工作取得了巨大的突破，西海固地区也不例外，百年大计，教育先行，在基层建设如火如荼的同时，孩子们对科学知识的需求也不容忽略，带孩子们了解大山外面的世界，看一看他们未来可能的样子，是宫啸接下来的目标。

3. 学生公益，青春无悔

两年半的公益苦旅，宫啸是一个播种者，种下了一颗又一颗“求学”的种子，呵护种子成长，将来带孩子们走出大山，反哺社会。他争当一座小桥梁，连接起首都与西海固的大山，希望让更多的人了解西海固大山中的孩子。“广而不敷，真切公益”，走出校门，踏入社会，他没有忘记自己的初衷，在别人的不解中砥砺前行，怀着一颗赤诚的公益心，尽力承担一个当代青年学生的责任和使命，也号召更多的同学服务国家，传播正能量。这就是他，“至行广益”团队35名至行者中的一分子，那个执着的大学生公益人。

（资料来源：北京交通大学学生处，2018. 宫啸：大学生公益的至行者［EB/OL］.（2018-09-02）［2021-04-11］. http://news.bjtu.edu.cn/info/1024/28095.htm.）

三、大学生责任意识培育的途径

第一，提高自我的认识能力。自我认识是强化自我意识的前提，也是加强大学生自我责任意识的关键，个体只有在正确认识和评价自己之后，才能进行自我教育。所以，只有提高自身的认识能力，对自我责任意识进行分析与判断，才能认识到自我责任意识培育的重要性，进而加强培育意识。一是在价值多元化、西方思潮冲击的影响下，树立正确的价值观念是大学生提高自我认识能力的风向标，特别是在个人利益与国家、社会利益同时发生时，大学生必须以正确的理想信念和价值观为指导，正确认识个人与国家、社会的关系，积极主动地承担社会责任，为社会谋福利。二是在日常的学习生活中，大学生要明确自身的优缺点，善于发现自我的缺陷和问题，不断地进行反思与总结，不断地完善自我。

第二，提升自我的情感道德。自我情感是加强大学生自我责任意识的核心，个体只有具备正向的、积极的情感道德，才能激发自我的内心意识，促使主体调整自己的情绪和行为习惯，实现自我教育。首先，在自我情感的培养中，“爱”是最重要的因素，拥有爱自己、爱他人、爱国家等情感道德的人，才能更好地履行自己的责任，实现自我的人生价值。其中珍爱生命是自我情感的开端，是自我教育的首要内容，因此，大学生必须尊重和关爱生命，感悟和探索生命的价值。其次，感恩作为一种正向的、积极的情感，是最持久永恒的爱心来源，大学生要树立感恩意识，学会感恩，感恩父母，感恩社会，感恩国家，感恩自然。再次，学会换位思考，学会从别人的角度出发，理解他人所面临的困境和难处，这有利于大学生调控自身的情绪，调整心态，缓解压力，从而培养积极乐观的人生态度。

第三，培育大学生的自我意志力。自我意志力是加强大学生自我责任意识的动力和保障。个体只有具备自强不息、吃苦耐劳的意志品质，才能在艰难困苦中不断进取、不断超越，促进自身发展。当代大学生的生活条件大都比较优越，蒙受家庭和学校的庇护，这使得很多大学生没有经受过人生的苦难和挫折，生活相对安逸和舒适。因此，在自我责任意识培育的过程中，个体需要克服一些困难和抵制各种诱惑，有时还需要付出几倍的时间和精力，这一过程必须通过自我意志力来保障完成。

同时，拥有自律、自强的意志力，还可以激发大学生饱满的情绪热情，激励大学生勇于面对困难与挫折，反思自我的不足，勇于承担起社会赋予的责任和使命，服务社会。

超越自我的责任意识训练·活动与训练

活动与训练

举同学

【目标】

就“责”而言，如果没有做好自己分内的事，就应该承担相应后果而受到责罚；就“任”而言，如果主动承担完成好相应的任务，必然会得到相应的奖励或荣誉。

【任务】

大家合力将坐在椅子上的学生举起来。

【准备】

地点：场地无限制。

材料和工具：无。

【行动】

（1）挑选 1 名学生坐在讲台上的一张座椅上。

（2）挑选另外 4 名学生上台，要求 4 名学生合力将坐在椅子上的学生举起来，坚持 3 分钟，每人只能动用自己的一到两根手指。

【评价】

要求：任务人评价的内容主要围绕本主题，对事不对人，用词要积极向上，不能进行人身攻击。填写表 4-2“举同学”活动评价表。

表 4-2 “举同学”活动评价表

评价内容	个人评价	同学互评	教师点评
团队配合			
利用正确的方法			
你在任务中承担了什么责任			

活动与思考

1. 你听说过哪些因为缺少责任意识导致的严重事故？
2. 你了解的职业有哪些？这些职业要承担什么责任？
3. 劳动实践项目：社区义务劳动。

任务三　爱国爱民的担当意识训练

案例与故事

广东工业大学青年志愿者社区服务战“疫”日记

在这场没有硝烟的战争中，我们身边有这样一群人，主动放弃自己的休息时间，穿上志愿者的红马甲，逆流而上，奔波在疫情防控一线。据广东工业大学团委统计，截至2020年2月23日，学校有近400名学生参与了此次防疫志愿工作。他们活跃在社区、居委会和村委会，测量体温、执勤、宣教，用最平凡、最朴实的工作，践行着当代青年对祖国和人民的承诺。

计算机学院2019级萧沛权说：“党员不是说出来的，是干出来的。”

“我是一名有着五年军龄的退伍军人，2014年保留入学资格入伍，2019年退出现役后恢复入学资格。至今我仍记得当初退伍时在国旗、军旗下的宣誓：‘若有战，召必回’。这次的防疫阻击战，正是祖国需要我的时候，作为一名入党积极分子，我觉得我们每一个人都应该以实际行动支持防疫阻击战，以实际行动传递正能量，以实际行动为祖国做贡献。从疫情暴发开始，我第一时间向所在的麻涌镇麻三村村委会报名，参与到村里的防疫工作，每天负责对出入人员进行体温测量和对返乡人员进行登记，并督促人们戴好口罩，减少出门次数。为了防止交叉感染，测量体温、登记的器材每次使用完都要消毒，工作的时候我们基本都是站着，每次执勤完回家，都会出一身汗，但是我仍乐在其中。我觉得这是实实在在地为社会做贡献，能带来真真切切的为人民服务的满足感。”

土木学院2017级阿迪力江·阿布力牧说：“为抗击疫情分担一点工作，是无比正确的决定。”

“刚开始，我有些恐慌，因为每天看报道确诊人数会有增加，而自己服务的对象中也有在家隔离的人员。但是我想到他们也是普通老百姓。每次为他们去购买生活用品送到家门口时，看到他们热情的眼神都让我很感动。所以我每次去隔离人员家中都会佩戴好口罩，在日常与他们的问候对话中也能感受到他们的温暖，这样一来我的心理压力也慢慢被释放了。让我特别有感触的是，社区的基层干部和定点医院的医务人员，还有民警，在疫情发生后第一时间就投入抗疫工作，每天从早忙到晚，甚至晚上也不回家，就在办公室和衣休息。看到他们这么投入地工作，我很感动，更相信自己为他们分担一点工作是个无比正确的决定。”

（资料来源：赵鑫全，张勇，2020．新时代大学生劳动教育［M］．北京：机械工业出版社．）

爱国爱民的担当意识

训练·知识与能力

一、担当意识

中国传统文化下的担当通常是以家国责任为对象的，一般包括四个层面：其一，爱国担当，即为民者爱国护国的担当精神，如文天祥之言“留取丹心照汗青”等就是民对国之爱；其二，奉公意识，即为政者履职尽责的担当精神，如《淮南子·主术训》中有言“衡之与左右，无私轻重……绳之于内外，无私曲直”表达了为政者应有清正廉明之担当；其三，务实勤恳，即事业者应有实干精神，如《申鉴·俗嫌》中有言“不受虚言，不听浮术，不采华名，不兴伪事”表达了为人务业应实实在在、务实尽责的担当品质；其四，无所畏惧，即世人敢担家国大任的担当意志，如孔子曾言“仁者不忧，知者不惑，勇者不惧”就表达了世人应有不惧艰难险阻的担当精神。总结来看，中国传统文化下的担当包含了爱国、奉公、务实、勇敢等精神。

拓展阅读

当代青年应有的担当意识

青年一代是祖国的未来、民族的希望、家庭的期盼，但在现实家庭生活中，有的人虽已成年，但却还成天赖在家中而不肯就业，全靠父母养活着，有的整天沉迷于网络，玩游戏、聊天甚至赌博。有的甚至成为新的“失业”群体或“待业青年”，只好靠父母供养的方式来“啃老”过活，成为“啃老一族”，从而带来一系列家庭和社会问题。这是极不合理的，也是不正常的，为家庭美德和社会公德所不容。由此而导致的家庭和社会隐忧，实在值得人们深思。

我国法律明确规定，成年子女有赡养、扶助父母的义务。有的青年，没有理想，没有追求，无进取心，缺乏自食其力、艰苦创业的精神。有的属于自身懒惰所致，得过且过，让人瞧不起。有的属于父母长期以来娇生惯养造成的，好逸恶劳、玩物丧志、自甘堕落。无论出于什么原因，这样的青年既然已经长大成人，就不应该成为人们所不耻的“啃老族”“傍老族”，而且还要不断锻炼自己独立生存的能力，艰苦创业、勤劳致富，脚踏实地地创造真正属于自己的生活，还要切实履行起赡养扶助父母的责任和义务，不但要为年老的父母承担生活费用，还要为他们提供必要的精神慰藉。

作为当代青年，应有担当意识。如何树立远大的理想和信念，志存高远，科学地策划人生，规划自己的蓝图，并有所作为，勇于承担家庭重担，切实履行起赡养扶助父母的责任和义务，为自己和家庭创造美好的未来和幸福等，是十分值得思考的现实问题。现代社会为当代青年提供了一个有各种发展机遇和艰苦创业的舞台。当代青年要明白人生、志存高远、有所作为、积极投身创业实践，自强不息、勤劳致富，用自己勤劳的双手和辛勤的汗水，积极投身创业实践，努力开拓出属于自己的一片新天地。

（资料来源：阎惠丽，暨星球，詹波，2020. 高职生劳动素养教育［M］. 成都：电子科技大学出版社.）

二、厚植爱国情怀

中华民族伟大复兴的中国梦是中华民族的集体梦想与目标，这一目标有着高度的非利己性，只有以爱国奉献作为意识基础，才能够形成对中华民族伟大复兴的有效担当。具体来看，爱国奉献责任担当主要涵盖了以下三个层面。

第一，建立民族自豪感和自尊心，为国家与民族发展而由衷自豪，有维护国家和民族尊严的使命感与责任心。特色社会主义发展条件下的中国命运也是党和社会的命运，爱国与爱党、爱社会高度统一才是鲜活、真实、有意义的爱国精神，这也是新时代下中国青年爱国主义最基本的条件。具体来说，大学生要建立起爱国精神，不仅体现在口头上，还要在工作和生活中形成践行爱国精神的责任意识，要在国家和民族尊严遭到侵害时主动站出来维护，要积极付出个人贡献来强化和彰显国家与民族尊严，缺乏爱国精神基础必然无法在民族复兴过程中投入个人最大能力与贡献。对于大学生来说，民族复兴大任责任担当必须建立在强烈民族自豪感和自尊心的基础上，真正履行公民爱国义务，教育者则需要全面加强大学生爱国奉献精神、社会责任精神等教育，全面强化大学生维护国家尊严的自主性与积极性，进而强化其担当民族伟大复兴责任的主观意愿。

第二，建立始终将国家与民族利益放在首位的自觉意识。中华民族的伟大复兴是一个国家“工程”、民族“工程”，这一伟大“工程”需要所有参与者都应将国家和人民利益放在首位，这样一方面能够实现高度团结统一发展力量构建，另一方面能够有效调动广大人民群众在中国梦实现过程中的参与力度，发挥人民群众的主体力量。从根本上来说，中华民族伟大复兴的最终目标是让中国人民拥有幸福美好的生活、优质的国民教育、充满活力的工作、公平满意的劳动收入、可靠的社会保障、舒适的居住环境以及优美的生态环境。这些民族复兴的细分目标都是以国家和人民利益为核心的，只有以国家和人民利益为先，才能够构建人民幸福的国富民强之基石，才能够发展和完善人民幸福的民族振兴之前提，才能够达成人民幸福中国梦的终极目标。由此，大学生在担当民族复兴大任的实践过程中，必须要时刻将国家和人民利益放在首位，形成高度自觉意识，这样才能够形成内在的、自主的爱国奉献精神，真正为民族复兴事业贡献有效力量。

第三，坚持宣传和弘扬爱国奉献精神的积极意识。爱国主义精神的核心价值在于其广泛性和群体性的叠加效应，个体的爱国行为在国家尊严保护方面的力量有限，但个人行为能够对集体行为产生辐射影响，可以带动集体爱国主义行为。

当然，个人被动的爱国主义精神与行为示范效果也是有限的，主动宣传和弘扬爱国奉献精神才能更有效地带动自己身边群体一同建立和践行爱国奉献精神，催生集体爱国奉献的行为。新时代大学生是社会发展的中坚力量，同时也是时代发展中最重要的精神标杆和传播者，更是群众意见领袖诞生率最高的群体。这一群体必须坚持宣传和弘扬爱国奉献精神，主动将爱国奉献思想有效传播到大众当中，真正带动基层人民群众模仿和学习自己在爱国精神实践中的思想和行为，促进广大人民群众形成集体爱国、集体奉献的精神，将青年的先进思想与崇高理想融入民族理想中，成为民族理想发展的引领者，带动全国人民群众共同爱国奉献，从而为中华民族的伟大复兴注入更充足的动力。

活动与训练

爱国爱民的担当意识训练·活动与训练

过路障

【目标】

为了一个共同的目标，团队成员应相互沟通，齐心协力，共同奋斗。

【任务】

男生背女生齐心协力绕过路障达到目标。

【准备】

地点：室外。

材料和工具：纱巾、椅子、气球、塑料花。

【行动】

（1）三男三女，男生扮演视障人员，用纱巾蒙住眼睛，男生背女生，女生扮演无行走能力人员，为男生指引路。

（2）用椅子设置路障，男生背女生需绕过路障，达到终点，最早到达者，获胜。绕行中遇到气球，须踩破；遇到鲜花，男生须拾起，递给女生。

【评价】

要求：任务人评价的内容要围绕本主题，对事不对人，用词要积极向上，不能进行人身攻击，填写表4-3“过路障”活动评价表。

表4-3 “过路障”活动评价表

评价内容	个人评价	同学互评	教师点评
要取得长期利益，必须采取合作的态度			
团体合作的基础是相互信任			
信任来自顺畅的沟通			

活动与思考

1. 你了解有哪些人是具有爱国情怀的，他们的事迹是什么？

2. 你看过《我和我的祖国》、《决胜时刻》、《建国大业》、《红海行动》等影视作品吗？其中最打动你的人物或故事情节有哪些？这些人和事对你有何启发？

3. 劳动实践项目：烈士陵园扫墓。

项目五

创新创造性劳动——智慧劳动倍增价值

劳动教育箴言

人唯有借欲望和创造，才能幸福。

——艾伦·麦席森·图灵

若无某种大胆放肆的猜想，是不可能有知识的进展的。

——爱因斯坦

活着就是为了改变世界，难道还有其他原因吗？

——史蒂夫·乔布斯

创业不是魔法，也不神秘。它和基因没有关系。创业是一种训练，而就像任何一种训练一样，人们可以通过学习掌握它。

——彼得·德鲁克

树立创新、创业、创造（简称“三创”）的意识，培养创新、创业、创造的能力，认识到人类社会的发展进步，就是一部创新、创业、创造史。国家的繁荣兴盛，离不开创新浪潮的驱动；新中国由贫而富，离不开全民创业释放的巨大能量；一些地区走在前列，一些城市由弱而强，离不开那里发生的激情荡漾的创造史诗。今天，全球视野下，有多少新生事物如雨后春笋；国家内部，率先发展地区谋求更大突破，后发展地区紧追不舍、大潮涌动。不论从什么角度说，“三创”都是宝贵的动力源泉、重要的发展支撑、鲜明的目标驱动。“三创”离不开个人努力，但对一个国家和地区来说，环境像空气和水，是“三创”得以呼吸、生存、繁荣的命脉所在。

行动导向

1. 创新性劳动经过哪些历史阶段？如何培养创新性劳动能力？
2. 创业与就业有什么区别和联系？创业劳动需要哪些素质和能力？
3. 创业能力如何培养？创业如何促进人生发展？

4. 什么是创造性劳动？创造性劳动的特点和类型是什么？
5. 提升创造性劳动的方法有哪些？大学生如何培养创造性劳动能力？

任务一 创新性劳动能力的训练

案例与故事

高铁工匠打造中国“金名片”

从“中国制造”到“中国创造”，飞驰在神州大地的高速铁路列车实现了由“追赶者”到“领跑者”的伟大跨越。在这场跨越中，技术工人是当仁不让的创新主角。铁路车辆装调工罗昭强，对工作和产品精雕细琢、精益求精，这是一种情怀，一种执着，一份坚守，一份责任，他身体力行地践行了敬业、专注、创新的工匠精神。

“国家科技进步奖”“全国五一劳动奖章”“中华技能大奖”“高铁工匠”“全国技术能手”……对于中车长春轨道客车股份有限公司铁路车辆装调工、高级技师罗昭强来说，眼前的种种荣誉只是对不同人生阶段的短暂肯定。过去数十年，他在高铁生产一线中精耕细作，不断攀越高峰，从未止步。

从高铁工人到创新先锋

“复兴号”——具有完全自主知识产权、达到世界先进水平的动车组列车，调试是它在厂内的最后一道生产工序，罗昭强和他的工友，要保证每一列“复兴号”安全出厂。在首批“复兴号”中国标准动车组的出厂调试中，他率领团队完成了数十项调试方法的创新，实现了消化、吸收到再创新的跨越。其中，他研发的高铁模拟装置，开创了利用模拟手段对从事高铁车辆调试工作的操作员工进行培训的先河。

不仅如此，其研制的具有自主知识产权的“CRH5 型车端部模拟器”“CRH5 型车网络 INDI 与 USDR 模拟器”等动车组关键调试装备，打破了国外市场垄断，将制造成本缩减为原来的 1/10。

这些年来，罗昭强先后完成 17 项实用新型专利，540 件创新成果已在动车组调试中得到广泛应用，是唯一一位获得中国中车科技成果奖的蓝领工人。

打造中国高铁“金名片”

从“绿皮车”到“子弹头”，从“和谐号”到“复兴号”，罗昭强护送着一代又一代列车开跑。工作上的不断创新，不仅使他在国家技能大师工作室平台上率领团队完成技术攻关 170 余项，而且他率领的团队还于 2014 年荣获“全国工人先锋号”荣誉称号；众多的技术攻关，还能够真正转化成较大的经济效益——罗昭强通过实现专利成果知识产权转让，创造了模拟实训装置近 10 亿元的广阔市场，其发明的“高速动车组调试技能训练装置”，每年为公司节省培训经费 590 万元，提高了公司产品的附加值。同时，也作为培训师受邀参加国际化培训，打响了中国高铁的“金名片”。

2015 年，美国波士顿地铁春田工厂总经理考察“城铁客车智能调试实训装置”时，高度赞扬了这一设备，还邀请罗昭强率领海外培训团队利用该装置培训首批 33 名美国车辆电气工程师。目前，该成果作为一项竞争要素为公司顺利中标增添了重要砝码。

2018 年，他最新的创新成果“美国波士顿地铁模拟实训装置”成功登陆美国，签约金额 100 万美元，实现了工人创新成果销售到海外市场的新突破，并率领团队开始国际化培训，助力中国高铁“走出去”战略的实施。

（资料来源：交通运输部，2019. 高铁工匠打造中国“金名片”[EB/OL]（2019-04-30）[2021-04-12]. https://baijiahao.baidu.com/s?id=1632238408992059532&wfr=spider&for=pc. ）

知识与能力

创新性劳动能力的训练 · 知识与能力

我们要建设的社会主义现代化强国，不仅要在物质上得以丰富，更要在精神上得以上升。“五四运动”以全民族的行动激发了追求真理、追求进步的伟大觉醒。新时代青年应坚定理想信念、志存高远，把握好当代社会主义、当代青年运动的方向，把青春汗水挥洒在中国特色社会主义的正确道路上。

我们应当意识到，新时代是一个改革创新的时代，创新是一场融合新科技革命和新产业革命、具有鲜明新时代特征的划时代大变革。我们必须把创新发展作为新时代发展的首要理念真正树立起来，使创新真正成为融入血液的基因、成为下意识的行动，让创新、创业、创造真正成为新时代文化的鲜明特色。

当代青年思想活跃、思维敏捷，观念新颖、兴趣广泛，探索未知劲头足，接受新生事物快，主体意识、参与意识强，对实现人生发展有着强烈的渴望。这种青春天性赋予青年的活力、激情和想象力，正是创新、创业、创造的重要源泉。同时，青年人阅历不广，容易从自身角度、从理想状态的角度来认识和理解世界，这是青年创新、创业、创造的局限。新时代青年应正视自身的优势和劣势，锤炼品德修为，恪守正道，使自己的思维视野、思想观念、认识水平跟上越来越快的时代发展，在与时代同步中成就新的青春之歌。

创新、创业、创造不是口号，需要在砥砺奋斗中见实效，在做好每一件小事、完成每一项任务、履行每一项职责中见精神。特别是当今时代知识更新不断加快，社会分工日益细化，新技术、新模式、新业态层出不穷，当代青年遇到很多过去从未遇到过的困难，面临不少思想认识上的困惑彷徨、人生抉择上的十字路口。新时代青年需要提高内在素质，锤炼过硬本领，以强者之姿创新创造、攻坚克难，书写人生精彩。

一个创新、创业、创造的伟大新时代，为中国青年一代追寻人生意义提供了无比广阔的舞台。新时代中国青年，应以创新的勇气、创业的实干、创造的能力，托举起新时代中国之命运、中华民族之命运、中国人之命运。

一、创新性劳动的历史演变

人类劳动的本身是创新性的结果，原始人最初制造的石器必然包含创新性劳动，随后石器制造的改进和使用范围的扩大也包含创新性劳动。虽然创新性劳动量占总劳动量的比重微乎其微，但正是这微乎其微的创新性劳动是人类进化和发展的决定性因素。

在随后人类漫长的发展过程中，创新性劳动和常规性劳动也没有分离，这些创新性劳动的结果就体现为新的工具、操作规程和知识等，这些对人类社会的发展无疑起了关键的作用。在近代工业革命之前，小农经济和手工业生产规模小，又没有形成创新性劳动结果转移和广泛传播的机制，虽然有一些创新性劳动结果保存下来，推动了生产力的发展，但也有不少“失传”了。

工业革命以来，科学家和工程师逐渐成为专门的职业，创新性劳动和常规性劳动逐渐分离，特别是以专利制度为标志的知识产权保护制度的建立，使得创新性劳动成为一项能够得到及时利益回报的专门劳动，并且创新性劳动与常规性劳动之间逐渐形成了相互促进的良性循环机制，即一方面创新性劳动提高了常规性劳动的生产率和创造了新的常规性劳动，另一方面常规性劳动的发展又反过来促进了创新性劳动的发展。在这两者的相互作用过程中，创新性劳动不仅以绝对数量指数增长，而且相对比重也快速提高，从而成为一些行业的主导和主要劳动，导致知识经济的出现。创新性劳动也成为经济发展和社会进步的主要力量。

创新性劳动与常规性劳动的关键不同在于，前者所获得的本质上是知识，后者是产品。知识是无形的和不朽的；产品是有形的和易腐朽的。在人类漫长的历史中，常规性劳动所创造的物质财富大部分被不断消耗了、腐朽了和消失了；而创新性劳动所创造的知识被不断积累和保存下来了，成为人类历史不断发展和社会不断进步的基础和决定性因素。随着创新性劳动规模加速扩大，新知识取代旧知识的应用速度也会加快，人类所创造的不朽的知识也会加速积累，这不仅导致了当前知识经济的出现和加速发展，也为未来知识经济发展构建着更厚的基础和更高的平台。

拓展阅读

激荡创新劳动的磅礴力量

劳动创造历史，奋斗成就梦想。中国这艘巨轮的行进史，就是一部劳动人民勤劳耕耘、不懈拼搏的奋斗史。在波澜壮阔的历史进程中，数万万劳动者以昂扬的革命精神和蓬勃的创造力量，积极投身革命、建设和改革的洪流之中，为实现民族独立、国家富强和人民幸福做出了不可磨灭的历史贡献。

正因为有了劳动创造，才有了历史的辉煌；正因为有了劳动创造，才有了丰满的现实。劳动光荣、创造伟大，正在成为时代的强音。

长久以来，我国劳动者被更多地与勤劳的标签联系在一起，正是一砖一瓦的辛勤劳动，才搭建出社会主义事业大厦；正是一笔一画的辛勤绘制，才描绘出民族的美好未来。辛勤劳动，在任何时代都是光荣的。随着时代的前进和社会的发展，劳动方式在不断改变，劳动内容在不断丰富，劳动技术在不断发展，劳动价值也在不断升华。劳动形态的变化，对劳动者也提出了更高的要求。

当前，我国国内外环境、经济增长机制都已发生了重大变化。无论是实现经济的升级换挡还是提质增效，也无论是实现“中国制造2025”还是在新一轮全球科技革命和产业革命中抢占先机，都需要通过创新驱动发展。这一切都呼唤创造性劳动、创新性劳动，创业创新不是企业家、年轻人或者科研人员的“专利”，而是与每一个劳动者息息相关。

尊重和推崇创新性劳动，就是要激发亿万劳动者的创新自觉与活力，把蕴藏在工人阶级和广大劳动群众中的无穷创新创造活力激发出来。政府要进一步简政放权，破除体制机制束缚，加快完善创新激励政策，营造鼓励创新、宽容失败的社会氛围，为那些想创新、能创新的劳动者提供更多样的机会和更广阔的舞台，推动实现“人人皆可创新，创新惠及人人”。此外，工会等有关部门和机构也需要正视劳动者梦想期待普遍升级、利益诉求普遍提高的现实，切实解决他们最关心、最直接、最现实的利益问题，让付出得到应有的回报，让劳动得到应有的尊严，从根本上维护他们的权利，凝心聚力共同托举中国梦。

唯改革者进，唯创新者强。创新将让广大劳动者更有力量、共享人生出彩的机会，也将推进全面小康的决胜进程和实现“两个一百年”奋斗目标的壮阔实践。劳动创造了历史，也将开拓未来。

（资料来源：陈红书，2016，激荡创新劳动的磅礴力量［EB/OL］.（2016-05-01）［2021-04-17］. https://www.yicai.com/news/5008951.html.）

二、提高创新性劳动能力

（一）培养创新性思维

1．创新性思维的概念

广义的创新性思维是指人们在发现问题并解决问题的过程中，能够起到重要作用的思维活动；狭义的创新性思维是指人们在创新活动中直接形成创新成果的思维活动。

创新性思维的重要诀窍在于多角度地看待和处理事务、问题和过程。创新性思维的常见类型包括发散思维、聚合思维、批判思维、方向性思维、形象思维等。

2．创新性思维的基本特征

（1）敏感性。敏感性是指具有创新性思维者能吸收常规思维的人常常忽略的信息的能力，即能在空间和时间里捕捉住有价值、新颖的信息。这种特性意味着，具有创新性思维的人一般很快就会注意某一事情中存在的问题。

（2）灵活性。创新性思维的灵活性主要表现为：一是变通力，即能适应变化了的各种情况。二是摆脱惯性，这表现在思维方向的变化上。这种特性意味着不以僵化的方式看待问题。

（3）流畅性。创新性思维的流畅性体现在短时间内能连续地表达出的观念和设想的数量，反映的是创新性思维的速度和数量。

（4）独特性。独特性是创新性思维的本质特征。独特性主要表现为：与他人不同，独具卓识，如在思路探索上、思维的方式方法上和思维的结论上，能提出新的创意，做出新的发现，实现新的突破。

（5）综合性。创新性思维是许多因素结合在一起的综合性思维活动，既包括多种思维方式的综合运用，也包括多种思维方法的综合运用。

3．创新性思维的形式

1）发散思维与收敛思维

发散思维是指在思考解决问题的时候，打破常规思维的束缚，从多个方向去思考探索，寻找解决问题的可能性，是一个点发散到多个点的思维方式。人们通常考虑问题，总是由提出问题的起点到解决问题的终点，喜欢按一条思路进行，走不通就止步不前，如果换个角度去考虑就很容易解决问题。思维扩散的范围越广，产生的设想越多，解决问题的可能性就越大。创新者可结合新的方法、新技术、新规则、新产品、新现象，考虑是否有其他更多的功能，创造新的事物。

常见的发散思维用途有两个方面：一是材料发散，二是功能扩散。材料发散是指就一种特定的材料而言，设想它的多种用途如葡萄不仅可以卖新鲜的，还以制成葡萄干或者酿成葡萄酒等；功能扩散是指从一件产品的主要功能出发，设想该产品功能的其他多种用途的可能性，如有些农产品不仅可以用来饱腹，还有养生、美容等功效。

收敛思维又称聚合思维或集中思维，指的是从已知条件的既定目标中寻求唯一答案的一种思维方式。收敛思维的基本特征包括：①收敛思维是把许多发散思维的结果由四面八方集合起来，是集中指向的，目标单一，就像瞄准靶心一样，具有封闭性；②收敛思维的进行方式与发散思维相反，是一环扣一环的，具有较强的连续性；③发散思维所产生的众多设想或方案，一般来说都是不成熟的，也是不切实际的，而通过收敛思维选择出来的设想或方案，是按照实用的标准来决定的，应当是切实可行的。

2）正向思维与逆向思维

正向思维是人们在创造性思维活动中，沿袭某些常规去分析问题，按事物发展的进程进行思考、推测，是一种从已知进到未知，通过已知来揭示事物本质的思维方法。这种方法一般只限于对一种事物的思考。坚持正向思维，就应充分估计自己现有的工作、生活条件及自身所具备的能力，就应了解事物发展的内在逻辑、环境条件、性能等。这是自己获得预见能力和保证预测正确的条件，也是正向思维法的基本要求。

逆向思维是对大多数人所认可思维方式的反向思考。任何事物都有多种属性，我们在对一件事物进行观察分析的时候，很容易只看到事物的单方面属性而忽略了其他方面的属性，逆向思维可以在观察分析事物的时候克服这个障碍，从事物的多方面属性考虑，会有意想不到的结果。

逆向思维的形式有很多，主要包括：原理逆向、结构逆向和属性逆向等。

原理逆向是指从事物本身原理的反方向进行思考。例如，伽利略发明温度计，他发现水的体积会因为温度的变化而变化，反过来，水的温度变化也会因为水的体积变化而变化。

结构逆向是指从事物本身的结构出发，思考事物结构的反方向，将事物结构进行颠倒重置。例如，有位家庭主妇在煎牛排的时候，牛排总是容易粘在锅底，经常会出现煎煳的情况。她想到在锅盖上装电热丝，不在锅底加热而在锅上面加热，牛排就不再会被煎煳了。

属性逆向是从事物属性的相反方向所进行的思考。例如，布鲁尔发明了利用中空材料代替固体实心材料制造家具的想法，从而成为新建筑师和产品设计师的杰出代表。

3）横向思维与纵向思维

（1）横向思维。横向思维是指人们的思维方式可以有横向或者是广泛发展的特征。逻辑思维对问题的思考一般都是垂直的，而横向思维可以从问题的多个角度切入，甚至可以从问题的终点向起点思考。有这种想法的人他们的思维不会太狭窄，且善于举一反三。就像一条河流，当它遇到一个宽阔的区域时，它就会自然地漫延开来。

横向思维是将思维进行扩展，打破传统逻辑的束缚，主要特点是不受到任何限制，打破逻辑思维的局限，创造出更多的新思想和新思维。

（2）纵向思维。所谓纵向思维，是指在一种结构范围内，按照有顺序的、可预测的、程式化的方向进行的思维形式，这是一种符合事物发展方向和人类认识习惯的思维方式，遵循由低到高、由浅到深、由始到终等线索，因而清晰明了，合乎逻辑。我们平常的生活学习中大都采用这种思维方式，与横向思维相对应。

（二）掌握创新方法

1. 头脑风暴法

头脑风暴法（又称“智力激励法”、“BS 法”、“自由思考法”或“脑力激荡法”），是由创造学和创造工程之父亚历克斯·奥斯本（Alex Faickney Osborn）提出的一种激发创新思维、创造性解决问题的方法。在韦氏国际大字典中头脑风暴法的概念解释是：一组人员通过开会方式对某一特定问题出谋献策，群策群力解决问题。头脑风暴法本质上是一种基于问题，通过集思广益快速大量产生创意、灵感与构想提升问题解决质量的工作方法，也是一种培养发散性创新思维、掌握创新技法与提升创造力的有效训练方法。

头脑风暴法，具有迅速激发灵感并产生大量观点或可选方案，打破惯性思维，发挥集体创造力，有效提高问题解决的有效性与创造性，提升策划方案质量或决策质量等方面的优势和作用。因此，头脑风暴法被广泛应用于创意方案设计、问题解决、管理决策、技术创新、产品设计、教育教学等社会各领域。头脑风暴法之所以具有创造力，是源于参与头脑风暴的团体可相互影响、相互感染启发，在自由宽松而竞相表现自我的氛围中产生联想的良性连锁反应。

头脑风暴法在应用过程中，不断得到实践和完善发展，又衍生出教学式头脑风暴法、默写式头脑风暴法和卡片式智力激励法等操作模式与方法。教学式头脑风暴法，又称戈登法或隐含法（美国麻省理工学院教授威廉·戈登提出的），其过程完全由主持人主导，参与者不直接讨论问题本身而只在主持人的引导下讨论问题的某一局部或某一侧面或与问题相似的另一问题或把问题抽象后的主题，主持人从参与者给出的信息中提炼出解决问题的方案。戈登法对主持人过程引导的经验要求甚高，其效果完全依赖主持人对该方法及讨论问题的认知水平。默写式头脑风暴法（又称“635 法”“默写式智力激励法”），其要求 6 人围成一圈参与，每人在 5 分钟内在各自卡片上写出 3 个想法，然后传递给相邻的人，接到卡片者同样在 5 分钟内再续写 3 个与已写出想法不同的设想，以此方法依次传递 6 次，半小时左右即可产生 108 个不同的想法。然后，参与者一起讨论、分析归纳出可行的较优方案。“635 法”具有可避免参与者心理压力或不善表达等造成参与度不高的优点，也具有相对缺乏集体相互启发影响和激励的缺点。卡片式智力激励法（简称卡片法），是参与者将事先写在卡片上的个人创想分享解说给其他人并接受质询，在此过程中参与者如有新设想随时记录在备用卡片上，逐一分享、质询并将类似设想归类，最后集体讨论取舍并做出决策。

另外，头脑风暴法从对提出的设想是否进行质疑分析可分为直接头脑风暴法（简称“头脑风暴法”）和质疑头脑风暴法（也称“反头脑风暴法”）；从是否规定每个参与者轮流参与的实施程式，可分为非结构化头脑风暴和结构化头脑风暴法。

头脑风暴法作为鼓励在小组中进行创造性思维的最常用方法，其通常的实施流程如图 5-1 所示。

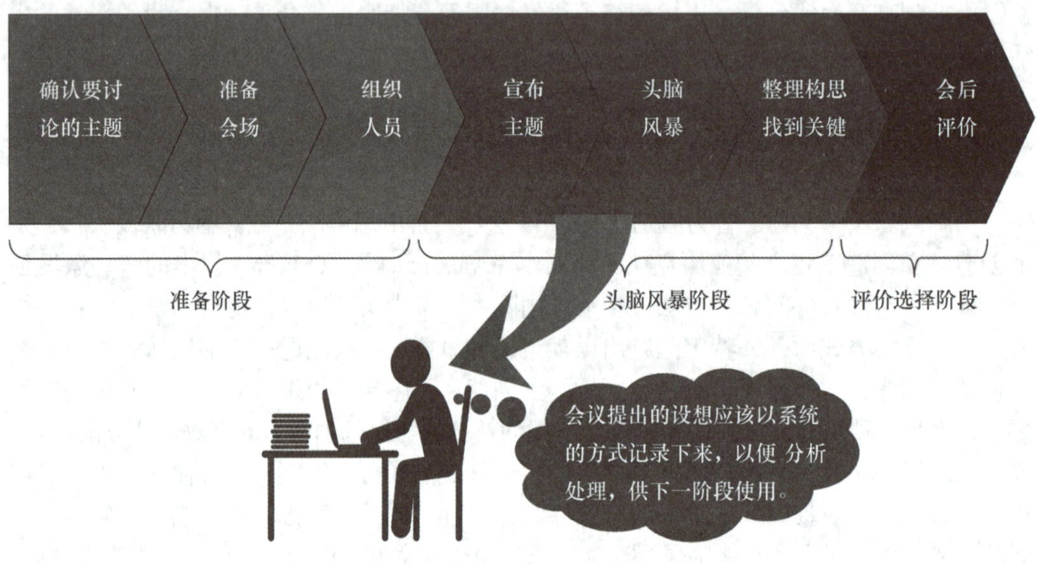

图 5-1　头脑风暴法的实施流程

1）准备阶段

（1）明确头脑风暴主题与目标。头脑风暴实施前，首先要明确中心主题是什么，通过头脑风暴要解决什么问题，要实现的目标和结果有哪些。然后，通知或当面沟通参与者，准确告知主题和目标，以利参与者做好相应准备。

（2）确定头脑风暴的方式。基于要解决的问题和达成的目标，充分考虑参与者的人员结构及其特点，分析影响头脑风暴氛围的因素，组织者要选择最恰当的头脑风暴形式。例如，有领导或权威专家参与，参与者的创新思维或性格多偏内向、不善表达，卡片法方式应是较优的选择。

（3）选择合适的参与者。首先，头脑风暴活动参与者以 6～8 人为宜。其次，在角色结构上，一般要有主持人、专家、行外人士和记录员等参与者。在人员的专业或能力要求方面，所有参与者都应拥有较高的联想思维能力，同时最好选择具有对头脑风暴主题有深刻理解者（设想产生与分析）、方法论学者（主持）和较高逻辑思维能力者（演绎）等参与。

（4）充分准备相关资料。头脑风暴组织者要注意搜集整理与头脑风暴主题相关的信息和资料，并提前把这些材料发送给参与者。相关性资料越多越好，方便参与者理解主题并做好提前思考。同时，要注意给参与者充足的时间理解、把握相关信息，以免头脑风暴时偏离主题或脱离活动目标。另外，还应准备好咖啡（茶）、零食、纸笔（彩笔）、电脑、投影仪等相关物品。

（5）确定合适的场地。头脑风暴的场地环境选择也很重要，活动场地会影响参与者的心态和思维活跃度，间接影响头脑风暴活动的组织效率与结果质量。通常，宜选择具有相对封闭、远离干扰、宽敞明亮、轻松温馨氛围并备有白板、纸张、咖啡、网络等工具条件的场地。

2）热身阶段

主持人应创造一种宽松、祥和、自由的氛围，让与会者放松，进入一种无拘无束的状态。宣布会议开始后，主持人先说明会议的主题和议事规则，然后随便谈点轻松、有趣的话题，让与会者思维处于轻松和活跃的状态。

3）导入阶段

通常，会议主持人应简洁、明确、扼要地介绍需要解决的问题。介绍不应过分详细、周全，以免限制与会者的创新思维，干扰其充分发挥想象力。

4）畅谈阶段

这是头脑风暴的创意阶段。为使与会者能够畅所欲言，需要制定一定的规则。这些规则一般应包括以下几点。

（1）每次发言只谈一种见解。

（2）发表意见时应简单明了。

（3）只谈自己的想法，不去评论他人发言。

（4）不私下交谈，以免分散注意力。

（5）不应妨碍他人发言。

会议开始后，主持人应宣布这些规则，引导与会者自由、有序地发言，自由想象、自由发挥，彼此相互启发、相互补充，真正做到畅所欲言。主持人只主持会议，对每位与会者的发言不做评论。记录员应认真将与会者的每一设想都完整地记录下来，然后将会议发言记录进行整理。

5）整理阶段

按照较优创意设想清单，逐一进行重新表述，运用质疑头脑风暴法或平行思考法等方式深入分析其影响因素及可行性，然后做出取舍，将深入讨论分析后的创意设想尝试进行不同逻辑、不同方式的排序与组合，综合大家意见整理成若干方案，再根据问题解决或头脑风暴目标实现程度的评价标准，如创新性、可执行性等标准进行方案的优先排序。方案排序再经过反复比较和筛选，最后确定1～3个最佳方案。

头脑风暴后形成的最佳方案，还不是最终的结果。头脑风暴组织者一般会将方案交由专家（或领导）评审指导，整合专家意见后最终形成结果。有时候，对方案的最终评审也可采用由头脑风暴参与者再次举行专题决策会议，做出对方案的评价与处理。形成最终结果后，组织者要将结果分享给每位参与者并致感谢。

2. 组合创新法

组合创新法，就是把两种或两种以上的产品或技术方法进行适当的结合形成新的产品或新的技术的创造发明方法。

日本创造学家菊池诚博士说过："我认为搞发明有两条路，第一条是全新的发现，第二条是把已知原理的事实进行组合。"

组合是任意的，各种各样的事物要素都可以进行组合。例如，不同的功能或目的可以进行组合；不同的组织或系统可以进行组合；不同的机构或结构可以进行组合；不同的物品可以进行组合；不同的材料可以进行组合；不同的技术或原理可以进行组合；不同的方法或步骤可以进行组合；不同的颜色、形状、声音或味道可以进行组合；不同的状态可以进行组合；不同领域、不同性能的东西也可以进行组合；两种事物可以进行组合；多种事物也可以进行组合；可以是简单的联合、结合、混合和综合等。

1）组合创新的规则

从表面上看，组合创新很简单，就是将两种事物或者几种事物进行叠加，如铅笔和橡皮的叠加就成了橡皮铅笔。但是大多数情况下组合创新并不是这样简单，好的组合创新是将事物进行有机的结合，才能够创新出受到消费者广泛欢迎的新事物、新产品。在进行组合思考的时候，不能局限于事物的某个方面、某一种事物，而应当从多方面、多种事物中寻找各自的优缺点，保留优点，剔除缺点，即采用取长补短的组合，才是好的组合。

例如，人们将电视机和录像机组合起来，开发成了能够播放录像的电视机，但是这种产品并没有受到广大消费者的欢迎。相反，如果将两个或者多个事物进行有机组合，使得各个事物之间能够互相补充，这就能够开发出一种新型的、被消费者广泛接受的产品。

由于组合创新牵涉至少两种事物，因此，在进行创新设计时需要进行通盘考虑，具体来讲要考虑到以下几个问题：

在对物品的功能、特点和性能进行分解的过程中，要注意分解的因素和特点应能进行重新组合。

在设计中如果从部分、局部出发，要充分考虑创新目标的整体性，就有可能获得较好的创新结果。

在进行整体思考的时候，不仅要把某一事物的各个要素作为整体来思考，而且要将思考的各个要素进行有意识的优化，只有最优化的组合才能发挥整体思考的作用。

另外，在进行组合创新的过程中，要尽量找到事物之间的关系，也就是事物之间的关联度越高，创新产品的价值越好。这是由于世间万物无论强弱，都有自己的长处、特点，如果将不同事物的特点、不同的优势进行重新组合，将使得所开发出来的产品的价值成倍增长。组合创新要有以下特点。

（1）发散性。组合创新的思维过程中，通常需要使用发散性思维，以探求新的多样性的结论，因此需要具有广阔的思维空间，可以采用正向和逆向、纵向和横向的思维方式。例如"收录机"就是利用了发散性思维的结果，将收音机和录音机结合起来。

（2）选择性。组合创新的实践过程中，并不是将两个事物原封不动地、不加选择地捏合在一起，而是选择二者具有独特价值的部分，其内在联系将它们有机地组合起来，若有多种组合方式，往往需要进行比较选择。

（3）综合性。组合创新重在如何"合"，因此就要对组合对象进行深入分析，把握它们的个性特点，再从这些特点中概括规律，进行综合，最后形成设计方案，进而进行

“组合”。如果没有综合阶段，所谓的“组合”往往是很难成功的。

2）组合创新的方法

（1）主体附加法。主体附加法是首先选定某一特定的对象为主体，然后置换或插入其他附加事物，从而导致创新的一种组合技巧。它是对材料、元件、原理和方法等组合方式活用的结果。这种组合方法被经常采用，这是由于这种方法容易产生组合设想，但不可能对原有事物产生重大突破的改进。

主体附加创新法常常采用两种方式。一种是不改变主题要素与结构，采用纯粹的附加方法。例如，汽车车锁开关不方便，有人在车锁上添加了遥控开关锁的功能。有人看到自行车上的驮物架不能牢固地夹住某些形状的物品，就发明了一种可连在驮物架上的折叠式、多功能驮物辅助架。还有人在自行车上附加里程表、后视镜、打气筒、车筐等，每增加一个附加功能，自行车的性能就会加强。

主体附加创新法的第二种方式是附加前主体内部结构要适当地加以改变，以便使主体与附加物之间更加协调紧凑。例如，冷热水两用开水器，就是在原来开水器上附加了提供凉开水的功能，在设计时需要将原来的开水器进行重新的结构设计。如多功能健身手杖，通过对普通手杖进行改装，利用主体附加，使其具有拄杖助行、照明、按摩、磁疗、报警、健身和防卫等多项功能。

（2）同物组合法。将同一种功能或结构在一种产品上重复组合，以满足人们对此功能的更高要求，这是一种常用的创新方法。使用多个气缸的汽车、使用多个发动机的飞机、多节火箭，这些采用同类组合的运载工具，目的都是为了获得更大的动力。

（3）异类组合法。异类组合法是指两种或两种以不同领域中的技术思想或物质产品的组合。

异类组合法的特点是被组合的物品来自不同的方面，一般无主次之分；参与组合的对象能从意义、原则、构造、成分、功能等任何一方面或多方面互相进行渗透，从而使整体发生变化；异类组合实际上是异类求同，在创新中有着非常重要的意义。

（4）仿形组合法。仿形组合法，就是模仿一种东西的外形，并加以组合，以达到创新目的的方法。

（5）重新组合法。重新组合法是指将一个事物在不同层次上分解后，将分解的结果按新方式重新组合，如螺旋桨飞机的螺旋桨一般在机首，稳定翼在机尾，美国飞机设计师卡里格·卡图（Carig Cartu）根据空气动力学原理对飞机进行重新组合设计，将螺旋桨放在机尾，而将稳定翼放在机首。重组后的飞机具有更加合理的流线型机身，提高了飞行速度，排除了失速和旋冲的可能性，大大提高了飞行的安全性。

3. 5W2H 法

5W1H 法由美国陆军首创，通过连续提 6 个问题，构成设想方案的制约条件，设法满足这些条件，便可获得创新方案。目前，5W1H 法已广泛应用于改进工作、改善管理、技术开发、价值分析等方面。实施程序如下：

（1）对某种现行的方法或现有的产品，从 6 个角度做检查提问。①为什么（why）；②做什么（what）；③何人（who）；④何时（when）；⑤何地（where）；⑥如何（how）。

（2）将发现的疑点、难点列出。

（3）讨论分析，寻找改进措施。

如果现行的方法或产品经此检查基本满意，则认为该方法或产品可取；若其中某些点的答复有问题，则就在这些方面加以改进；要是某方面有独到的优点，则应借此扩大产品的效用。

5W2H 法是在 5W1H 法的基础上增加了多少（how much），视问题的性质不同，设问检查的内容也不同，如表 5-1 所示。

表 5-1　5W2H 法

5W2H 含义	5W2H 内容
为什么（why）	为什么发光？为什么要做成这个形状？为什么不用机械代替人力？为什么产品制造的环节这么多？为什么要这么做
做什么（what）	条件是什么？目的是什么？重点是什么？功能是什么？规范是什么？要素是什么
何人（who）	谁来办合适？谁能做？谁不宜加入？谁是顾客？谁支持？谁来决策？忽略了谁
何时（when）	何时完成？何时安装？何时销售？何时产量最高？何时最切时宜？需要几天合适
何地（where）	何地最适宜种植？何处做才最经济？从何处去买？卖到什么地方？安装在哪里最恰当？何地有资源
如何（how）	怎样做最省力？怎样做最快？怎样效率最高？怎样改进？怎样避免失败？怎样求发展？怎样扩大销路？怎样改善外观？怎样方便使用
多少（how much）	功能如何？效果如何？利弊如何？安全性如何？销售额如何？成本多少

活动与训练

创新性劳动能力的训练·活动与训练

高空飞蛋

【目标】

体现小组成员的创新能力和团队精神。

【任务】

给鸡蛋制作保护装置。

【准备】

地点：三层楼及楼下空地。

材料和工具：每组成员配备鸡蛋 1 只、小气球 1 只、塑料袋 1 个、竹签 4 支，塑料匙、塑料叉各 2 把，橡皮筋 6 条。

【行动】

3 个人一组为最佳类型。

（1）教师把材料发给每组，让学生在 25 分钟之后到指定的三层楼的地点把鸡蛋放下来，为了不使鸡蛋摔破，可以用所给的材料来设计保护伞。

（2）25 分钟之后，每组留下一名学生在三层楼高的地方进行放鸡蛋，其他学生可以到楼下空地观赏及检查落下的鸡蛋是否完好。

（3）鸡蛋完好的小组是优胜组，可以进行决赛。

【评价】

要求：任务评价的内容要围绕本主题，对事不对人，用词要积极向上，不能进行人身攻击，填写表 5-2“高空飞蛋”活动评价表。

表 5-2　“高空飞蛋”活动评价表

评价内容	个人评价	同学互评	教师点评
创意是怎么得来的			
在小组合作过程中大家的协调程度如何			

活动与思考

1．列举一个改变我们生活方式的创新性劳动案例。

2．在一个空房间里，从天花板上垂下来两根绳子。如果抓住一根绳子再去抓另一根绳子是抓不着的，当别人把另一根绳子给你递过来时，你可以抓住两根绳子。不依靠别人，也不准借用其他东西，你如何抓住这两根绳子？

3．劳动实践项目：制作创意手工作品。

任务二　创业性劳动能力的训练

案例与故事

做好创业环境调查　不打无准备之仗

小闫是一名大学二年级学生，她活泼开朗、头脑灵活、积极进取，入学以来积极参加各种创业活动。特别是新冠肺炎疫情期间，她组织创业团队成员以“放牛沟村的富硒柿子”为创业项目参加了第十二届“挑战杯”大学生创新创业大赛，取得了省赛铜奖的优异成绩。

在确定该项目为创业项目之前，小闫通过走访调查、政策咨询、网络查询等方式对创业地区进行了创业环境的调查，最终确定了自己的创业项目。

在调查产品销售情况时，小闫发现放牛沟村的富硒柿子含有丰富的硒元素，有很高的营养价值，但目前困扰村民的是产品的销路问题，没有固定的销售途径，只能通过“蹲市场”等形式零散销售，保证不了销量，从而就保证不了产量。

在创业政策上，小闫了解到国家为了号召全社会来为农村脱贫致富做出积极贡献出台了很多相关政策。小闫也想通过创业的形式帮助像放牛沟村这样的农村地区致富奔小康。同时，小闫通过政策咨询得知，国家、省市出台了很多扶持大学生创业的优惠政策，这样更加坚定了她的创业梦想。

通过创业环境地区的调查，小闫了解了该地区的自然、人文、政策等情况，所以，她打算和她的创业团队成员以帮助农民脱贫致富为目的，好好打磨自己的创业项目，早日让自己的创业梦想“开花结果”。

（资料来源：袁轩宇，2020. 大学生创新创业基础［M］. 天津：天津人民出版社.）

创业性劳动能力的训练·知识与能力

一、创业与就业

关于创业的概念，很多学者都对其含义进行过探究，从不同的视角对创业的概念进行了论述，如美国经济学家富兰克·奈特（1921）认为创业是指承受不确定性和风险而获取利润；美籍奥地利政治经济学家约瑟夫·熊彼特（1934）认为创业即实现企业组织的新组合——新产品、新服务、新原材料来源、新生产方法、新市场和新的组织形式；美国经济学家罗伯特·荣斯戴特（1984）认为创业是一个创造并实现财富增长的动态过程。

创业与就业，是大学生选业的两种完全不同方式，主要有以下几个方面的差别。

（1）担当角色的差异。两者在企业中的地位、肩负的责任和使命均有较大差异。创业者通常处于新创企业的高层，在企业实体的创建过程中，创业者始终是负责人，始终参与其中；而就业者通常处于中低层，到达高层需要一个过程，也不需要对企业的成长负责，只需要做好本职工作就可以了。

（2）要求技能的差异。创业者通常身兼多职，既要有战略眼光，也要有具体的经营技能，从而要求其具备相当全面的知识和技能；就业者通常具备一项专业技能即可开展自己的工作。

（3）收益与风险的差异。就业的主要投入是数年的教育成本，而创业除了教育成本外，还包括前期准备重投入的人力、物力和资本成本。一旦失败，就业者并不会丧失教育成本，但创业者会损失在创业前期投入的几乎一切成本；而一旦成功，就业者只能获得约定的工资、奖金及少量的利润，创业者则会获得大多数经营利润，其数额理论上没有上限。

（4）成功依赖因素的差异。就业很大程度上依靠企业实习，但创业更多的要考虑自身的经验、学识与财力，以及各种需求和各种资源占有等条件。

二、创业劳动的素质与能力

（一）创业者的素质及培养

创业过程是一个面对不确定性未来的动态实践过程，往往不是一帆风顺的。面对创业的挑战，创业者不仅需要具有创业精神，还要有相应的素质与能力去解决创业过程中遇到的各种问题与挑战，保障创业活动的顺利推动与目标实现。创业者为做好创业准备，应具备以下几方面的素质与能力。

1. 创业的激情与创新创业的意识

创业的激情并不是头脑一时的冲动，而是对所创事业长久地坚持与追求。成功的创业需要创业者有坚持不懈和顽强拼搏的毅力。创业是一个长久奋斗拼搏的过程，在创业过程中，很少出现立竿见影、毫无挫折、迅速成功的情况。因此，在长期的创业过程中，创业者要始终保持对事业的激情是很难的，不少的创业者就是因为创业过程中的一些挫折而半途而废，所以说创业的激情是创业成功的关键因素之一。

要想成功创业，创业者必须有强烈的自我成就感和强烈的创业意识。强烈的创业意识可以帮助创业者克服各种困难和障碍，开创自己的事业。创业的成功是意识上长期准备的结果，事业的成功始终留给有创业思想、创业意识的人。

2. 创业的个性特质与人格品质

创业者的个性特质主要体现在自信、自强、自主和自立。自信是对自己有信心。相信有能力和条件去开创自己的未来事业，相信自己可以控制自己的命运，成为一个成功的创业者。自强是建立在自信的基础上的，不贪图眼前的利益，不安于平淡的生活，敢于实践，提高各方面的能力和才能，有勇气去做自己喜欢的事业。自主是一种独立的人格，具有独立的思维能力，摆脱传统的、世俗的偏见和束缚，善于设计和规划未来，不受公众和环境的影响，选择自己的道路，并采取适当的行动。自立是用自己的头脑、双手、智慧、才能、努力和奋斗，积极行动，为自己的生活和事业打下基础。

创业的成功离不开创业者优秀的人格品质，这些优秀的人格品质主要体现在强烈的使命责任感、面对逆境的坚韧执著和待人接物的正直诚信等方面。

使命感和责任感是驱使企业家前进的动力源泉。成功的创业者有很高的使命感和强烈的责任感，创业活动是社会性活动，需要各种利益相关者通力合作。只有对自己、对家庭、对员工、对投资者、对客户、对供应商、对社会有高度的使命感和责任感的创业者，才能赢得人们的信任、尊重和支持。创业过程中，创业者会面临意志力的挑战与考验。面对危险，在逆境中，能否坚持信念、承受压力、坚持不懈，有时会决定事业的成败。最终的创业成功往往在于坚持到最后一刻。

3. 专业知识和技术与创业知识素养

创业者通过自己的产品为社会做出贡献，这需要专业知识为基础。

创业知识是创业的基本要素。创业需要技术知识、管理知识和综合知识。创业实践证明，知识结构在一定程度上决定了企业的成功与否。因此，创业者不仅需要具备所创事业所需要的专业知识，还需要对科学、文学、艺术、社会学、哲学、经济学等知识有一定的了解与掌握。

4. 经营管理与领导决策能力

当今市场经济社会中，企业要生存发展，创业者必须具有良好的经营管理能力。如何通过管理现有的人、财、物来赚取最大的利润；如何有效激励每一位员工为企业积极工作；如何使产品或服务得到社会认可，受消费者欢迎，这些都需要依靠创业者良好的管理来实现，需要依靠高效、有机的管理系统。

创业者还需要有一定的领导能力和决策能力，能对企业的人员和经营合理安排，能够对企业人员和企业进行良好的安排，并能及时解决问题。

在创业活动中，综合能力是一种最高水平的能力，主要包括：把握机会的能力、获取并处理信息的能力、沟通与公关能力、创新能力等。一旦这些特殊能力和管理能力相结合，对创业实践施以全面影响和作用，可使创业管理水平在方式和效率上有较大的提升。

拓展阅读

独特性与突破性的选择

大学四年级开学时，张某已经成立了工作室，并以工作室的方式进行探索，尝试多元化发展。初期工作室的方向以软装、工艺品、摆件形式为主，尝试过参加校内外的创意市集、展卖活动等进行产品销售，目的是先让工作室生存下来，让更多人知晓他的工作室和产品。在工作室运营勉强维持下来后，他开始积极探索公司未来的发展方向。

一天晚上睡觉前，张某突然顿悟：现在工作室的运营杂乱无章，背离了创立工作室的初心——创意并不等于创业机会，独特性才是最重要的。于是，张某改变工作室的创作形式，以平面空间的形式存在，同时注重原创性，每一幅画都是自己原创。原创并不代表保守，他们为了迎合市场，融合市场元素进行创作，研发材料，成为以研发为主打的创作型工作室，不再沿用传统的销售模式，把品质做到极致，以吸引客户眼球，让客户找到工作室的价值。

打破传统，展现当代，不失艺术观赏性，又具有市场性，创作这样的作品，说起来简单，却需要耗费许多精力和时间，就如一张现代水墨，不再运用传统的国画形式，而是以不同的材料来绘制画面，突破传统画面，使画面不仅具有国画水墨韵味，而且更具现代性。

从 2013 年实验水墨创作至今，张某成功设计出来的产品已有上百个，广泛运用于广州、深圳等一线城市的楼盘装饰，仅仅这款产品取得的收益就已超过百万元。

研发出来的作品，采用不同画面、不同材料，具有不同的效果，得到不一样的客户青睐。在创业道路上，张某创立的工作室能在残酷的市场上立足，皆因于其独特的创新艺术。他认为，创业道路虽然非常艰辛，但他会继续“推陈出新，不忘初心”。

（资料来源：李巍，黄磊，2017. 大学生创业基础［M］. 北京：中国人民大学出版社.）

（二）创业核心能力

1. 沟通能力

通用电气公司前总裁杰克·韦尔奇强调：管理就是沟通、沟通、再沟通。杜邦公司前执行总裁欧文·夏皮罗认为：“沟通是管理的关键，如果把最高主管的责任列一张清单，没有一项对企业的作用比得上沟通”。

提高沟通能力的要领有以下几个方面。

（1）学会倾听。成功的沟通总是起于倾听、终于回答。倾听是尊重对方表达权应有的姿态，是商务交往中的基本修养，更是营造和谐气氛、实现深度沟通和准确把握对方观点的前提条件。

（2）善于表达。成功的沟通要提高语言表达的针对性、准确性、逻辑性和艺术性，做到简洁明快、幽默风趣；要懂得欣赏和赞美对方的优点，学会运用风趣幽默的语言和智慧，赢得对方的悦纳。

（3）恰当反馈。要善于换位思考，准确领悟对方的需求、意图和情绪状态，给予恰当的共鸣和反馈，要注重非语言因素和形体语言的运用，要热情有度，注重表意达情的方式方法。

（4）促成合作。商务沟通的意义和价值，主要在于增进理解与互信，在于达成共识、促成合作共赢。合作是创业成功的重要支持因素，是走向成功的必由之路。创业者一定要学会设身处地为对方着想，善于把握对方的兴趣和需求，找寻对方利益诉求，从双方资源的互补性出发确定合作的切入点，必须善于通过合作满足各方面的利益：股东投资求回报，银行借贷图利息，经营伙伴需赚钱，员工打工为收入，政府百姓要税收。

（5）重视人脉。人际关系在创业中的作用在逐渐加大，人脉资源已经日益成为创业信息、资金、经验的源头。

2. 人格魅力

人格是指人的性格、气质、能力等特征的总和，也指个人的道德品质和人的能作为权力、义务的主体的资格。创业者的人格魅力则指一个在企业活动中从性格、气质、能力、道德品质等方面散发出具有的吸引企业员工、创业团队的一种凝聚力和感召力。

可以通过以下渠道对自己的创业人格魅力进行积累。

（1）参加各类培训班，通过学习对自我品性的修养进行修正完善。

（2）参加各类社交活动，丰富自己的社会见识，扩展自己的社交圈子。

（3）创造机会认识经验丰富的前辈或行业领先者。

（4）在创业过程中必须有所参悟，这一点是最重要的。通过自己的实践得到的收获是最刻骨铭心的，学习借鉴的东西如沙上的画，不深刻理解是了解不到精髓的。如果没有发现问题和解决问题的能力，也许你不适合创业。

3. 执行能力

1）个人执行力

（1）沟通上级，了解战略的意图。

（2）制订初步计划，并把实施的难度分析出来，如果资源不够，及时汇报。

（3）确定资源分配，重要的事情优先分配，实质的东西一定要做好，锦上添花的待有时间再实现。

（4）经常汇报进度，与上级交流并得到反馈。

2）团队执行力

对于团队来说，感情带来凝聚力，规则带来执行力，关键问题在于两者的平衡。

有感情的团队，有凝聚力；有良好的规则的队伍，有执行力。处理好两者的平衡，凝聚力和执行力可兼备。剩下的，就取决于团队中个人的能力和资源了。

4. 领导能力

创业者最大的资本应当就是能够团结带领一帮有能力的人才来为实现预定的目标而共同奋斗。

如今，成功不再是个人的事，单纯依靠自身资源就能够创业成功的时代已经过去，我们已经走进了靠团队制胜的新时代。

统一的目标、合理的分工以及优势资源的互补对创业成功有着决定性的影响。可以说，建设一个优秀的创业团队是创业者事业持续健康发展的必备基础。除非创业者只满足于永远当个体户，要想事业不断发展壮大，就必须掌握驾驭团队的领导能力。离开了优秀团队，新创企业的发展必将成为无本之木、难以为继。许多创业者之所以最终惨遭破产的厄运，根本原因就在于没有组建一支优秀的创业团队。

拓展阅读

儿童创意美术教育开创未来

陈某，某艺术类院校大学生，毕业后先是进入了国内一家一流建筑设计院担任建筑师，后来为了实现自己的艺术创业梦想，转行做了儿童创意美术教育。

在设计院的三年中，他除了接触建筑设计以外，工作之余，也跟随总建筑师做儿童创意美术教育。大学期间的儿童创意教育经验让陈某在儿童创意教育团队中显得尤为突出，很快就担任了主教负责人，并开始全职负责课程研发、活动策划和资源整合工作。三年的教学和活动策划实战经验让他对儿童创意美术教育有了深刻的认识，儿童创意美术教育不只是培养儿童的美术能力，更多的是开拓儿童的思维和眼界。创意美术教育，不应当只是美术设计教育，而应该融合艺术和平面设计、产品设计等内容，重点培养儿童的创意思维。

在设计院工作了三年之后，陈某选择了辞职，从建筑师转行做儿童创意美术教育，成立了自己的儿童创意教育工作室，开启了互联网十教育的儿童创意教育创业新历程。

回顾自己的创业历程，陈某感慨地说："选择儿童创意美术教育行业，更多的是热爱和情怀，从建筑师转行儿童创意教育，也是向孩子们学习，找回以前学习艺术和设计的那份热情，希望自己能将自己的事业变成终身爱好，做自己喜欢的事情是最幸福的。"

（资料来源：彭迪云，2016. 大学生创新创业基础［M］. 南昌：江西高校出版社.）

三、创业劳动能力的培养

立志创业的大学生，不妨通过以下途径和方法提高自己的创业能力。

（一）学习创业知识

创业者不仅需要具备创业的意识和素质，还要对所创事业的相关理论知识进行掌握和积累。创业知识主要包括与创业相关的经营知识、管理知识和法律知识。良好的创业知识积累是创业成功的关键因素之一。

（二）充分利用校内创业资源，提升个人能力

大学生可充分利用校园资源锻炼提升个人能力，如系统地学习创业理论知识，为之后创业构建知识体系；参加学生会、创业社团组织的活动锻炼自己的综合能力等。

（三）积累实践经验

并非所有的创业者在创业初期都会成立一家自己的企业，不少的创业者会选择去为别人工作，通过对工作方方面面的了解，积累经验，打好以后自己创业的基础。大多数成功的创业者在自行创业前都曾有过打工的经历，这些经历会让他们对所从事行业的情况加以了解，还能提高他们对复杂人际关系的处理能力，这些都是他们以后创业的资本和条件。

活动与训练

创业性劳动能力的训练·活动与训练

创业者必备的素质

【目标】

通过搜集和分享相关创业成功者的案例，进一步熟悉和掌握创业者应该具备的条件。

【任务】

搜集创业者的案例，分析创业者的素质。

【准备】

地点：场地无限制。

材料和工具：无。

【行动】

（1）根据全班学生总人数确定分组数，每组以4～6人为宜。小组成员既可以自由组合，也可以由教师指定组合，每小组推选组长一名。

（2）同一小组的学生围坐在一起，教师向学生说明本次课堂活动的目的与要求。各小组自行通过网络等渠道搜集创业成功者的案例资料，以小组为单位制作PPT。

（3）各组派一名代表向全班陈述案例，并分享案例中创业者的特质。

（4）其他小组成员就案例所涉及的创业者的特质进行提问，由陈述小组的成员针对性地进行解答。

【评价】

要求：任务评价的内容要围绕本主题，对事不对人，用词要积极向上，不能进行人身攻击。填写表5-3“创业者必备的素质”活动评价表。

表 5-3 “创业者必备的素质”活动评价表

内容	个人评价	同学互评	教师点评
案例真实、典型			
深刻了解案例人物			
陈述案例流畅			

活动与思考

1. 你认识哪些创业人物？创业对其人生价值的实现有何作用？

2. 创业潜质的评估。

创业充满了诱惑，但并非每个人都适合走这条路。美国创业协会设计了一份测试题，假如你正想着自己创业，不妨进行下面的测试。

以下每道题都有 4 个选项：A. 经常；B. 有时；C. 很少；D. 从不。

（1）在亟须决策时，你是否在想“再让我考虑一下吧”？

（2）你是否为自己的优柔寡断找借口说“得慎重，怎能轻易下结论呢”？

（3）你是否为避免冒犯某个有实力的客户而有意回避一些关键性的问题，甚至有意迎合客户呢？

（4）你是否无论遇到什么紧急任务都先处理日常的琐碎事务呢？

（5）你是否在巨大压力下才肯承担重任？

（6）你是否无力抵御妨碍你完成重要任务的干扰和危机？

（7）你在决策重要的行动和计划时，常忽视其后果吗？

（8）当你需要做出很可能不得人心的决策时，是否找借口逃避而不敢面对？

（9）你是否总是在晚上才发现有要紧的事没办？

（10）你是否因不愿承担艰苦任务而寻找各种借口？

（11）你是否经常来不及躲避或预防困难情形的发生？

（12）你总是拐弯抹角地宣布可能得罪他人的决定吗？

（13）你喜欢让别人替你做你自己不愿做而又不得不做的事吗？

计分：选 A 得 4 分，选 B 得 3 分，选 C 得 2 分，选 D 得 1 分。

【分析】

50 分以上，说明你的个人素质与创业者相去甚远，需要加强学习和实践，培养创业素质。

40～49 分，说明你不算勤勉，应彻底改变拖沓、低效率的缺点，否则创业只是一句空话。

30～39 分，说明你在大多数情况下充满自信，但有时犹豫不决，不过没关系，这也是稳重和深思熟虑的表现。

15～29 分，说明你是一个高效率的决策者和管理者，有望成为成功的创业者，一旦机会合适，不要错过。

3. 劳动实践项目：走访创业者。

任务三　创造性劳动能力的训练

空气洗手

“用高速流动的空气代替水来把手洗干净。”7名年轻学生通过一年的不断尝试，将奇思妙想变成现实。“空气洗手装置”被第二届“全球重大挑战峰会”的评委们称为“一个绝妙的创意”，击败来自麻省理工学院、剑桥大学、香港大学等14所全球著名高校参赛团队，以最高分获得金奖。

该团队研发的“空气洗手装置”，是通过雾化原理，将空气与水混合，并依靠洗手人自身重力驱动水龙头出水。当使用者站上洗手装置前的移动踏板上时，踏板由于人体重力下沉，通过滑轮组牵引活塞向上挤压空气获得高速气流，令水龙头喷出雾状水滴。

团队负责人介绍说，他们研究了洗手过程中水的作用，发现仅有少部分水用于溶解手上的污渍，绝大部分的水都用于冲走这些污渍，高速气流的作用就是替代这些用于冲洗的水。他们通过显色反应和细菌残留实验证实，用“空气”洗手，污渍和细菌残留程度与用水洗手的效果并无差异。

经实验室测算，这一套空气洗手设备的出水量约300毫升/分，而普通洗手设备的出水量约为3000毫升/分。在保证相同洗净程度的前提下，用空气洗手设备洗手能够节约90%的用水量。

（资料来源：李宁，2019. 大学生创新创业基础［M］. 北京：现代教育出版社.）

创造性劳动能力的训练·知识与能力

一、创造性劳动概述

虽然人类劳动具有创造性的一般特征，但并不是所有的劳动都可以称为创造性劳动。劳动产品是人类劳动的物化，是人类通过劳动对自然物质进行改造或创造的结果。根据劳动产品是否是先前已经存在的，我们可以将劳动划分为重复性劳动和创造性劳动。如果说重复性劳动或模仿性劳动的本质特征在于复制和生产人类已有或部分已有的使用价值，那么创造性劳动的独特性在于认识和掌握未知或部分未知的事物，发现、发明和创造人类未有或部分未有的新质使用价值。因此，重复性劳动的成果主要是人类已有或部分已有的使用价值，表现为劳动成果的量的积累。创造性劳动更多强调的是一个从无到有的过程，是通过人类体力和脑力的消耗最终创造或改进某种产品、技术、方法、思想、理论的过程，主要表现为劳动成果的质的突破。创造性劳动的成果不仅包括物质财富的创造，如有形的物质产品，指南针、电话机、内燃机、青霉素、计算机等物品的发明创造；也包括精神财富的创造，如文学家的文学作品、音乐家的音乐作品、爱因斯坦提出的相对论、马克思提出的剩余价值论等。创造性劳动的成果还包括社会组织的创造，如不同的社会制度、不同的公司制度等。我国当前国有企业实行的混合所有制改革，通过引入国内民营资本和外资参与国有企业改组改革，打破股权结构限制，进一步优化国有企业股权结构，建立健全现代企业制度，促进了生产力的发展，就表现为一种社会组织的创造。

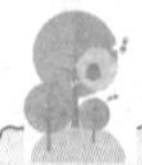

拓展阅读

创造性劳动是当代工人的使命

如果说，“劳动光荣”是表彰当代工人的荣誉，那么，“创造伟大”则是诠释着当代工人的价值。

当代工人在社会主义建设第一线，辛勤劳动、诚实劳动，源源不断地创造财富，为社会主义大厦添砖加瓦，更为可贵的是，他们以自己的聪明才智创造性劳动，谱写出一个又一个“当惊世界殊”的传奇。全国劳模、宝钢股份热轧厂高级技师王某便是“创造性劳动”的典范，他从一名普通的岗位辅助工成长为创新专家，堪称当代工人的楷模。

“创造性劳动”是建立在开放性思维和挑战性实践的基础之上。同普通工人一样，王某也是从一般操作工起步的。1987 年，他从宝钢技工学校毕业，在热轧厂当一名剪刃组装工。具有进取心的王某并没有满足于手捧“铁饭碗”、朝九晚五的生活模式，而是每天早早赶到车间，有活干活，没活跟着外方专家后面问这问那，喜欢多问一个“为什么”。不断地提问、不断地解惑，使他感受到：即使是当时最先进的技术，也会存在不合理的地方，而这无疑增加了生产的时间和成本。恰如王某所说：“给我的启示是再先进的技术也有可以优化的地方”，而这些“可以优化的地方”为王某“创造性劳动”提供了巨大空间，他和他的团队如今已拥有 679 项专利，三年创经济效益超 8 亿元。

当代工人与传统工人最大的区别就在于前者是有文化、有知识的一代劳动者。“创造性劳动”不是靠激情、靠运气、靠蛮干，而是要以扎实的学识和技能为其逻辑支点的。作为宝钢热轧厂技术革新的领军人物，王某颇为注重充实自己的专业知识和提升自己的岗位技能。从 1996 年到 2004 年，经过八年的艰苦努力，他获取同济大学“机械设计制造与自动化”专业的本科文凭，此外，他还以自学的方式，掌握了英语、计算机、动态模拟仿真、电脑辅助设计等专业知识，成了熟悉电脑软硬件知识的行家里手，使得自己的一系列“创造性劳动”有了足够的资本。

如果说，“辛勤劳动”是苦干，“诚实劳动”是实干，那么，“创造性劳动”就是一种巧干。这种巧干，在具体的生产实践中能起到事半功倍，甚或以一当十的经济效益。换言之，“创造性劳动”是提振生产力的有效路径。以王某新近研发的层流冷却关键装备技术为例，十年前，王某开始关注这项技术，当时可以说是 1.0 版本。现已升级为 4.0 版本，全部实现了自动化控制，它解决了一项世界性难题，其目标是降低钢材边缘部分的损耗率，将钢材的成材率提高了 0.8%。宝钢热轧厂每年的钢材产量是 500 万吨，提高 0.8% 意味着一年就能“无中生有”为企业创造出 4 万吨钢材，倘若全国数亿吨钢材都使用这套革新设备，每年可为国家节省大量原料，创造极为可观的经济效益。

当下，我国的制造业很发达，已经成为制造业大国，但较之一些先进国家如美、德、日，在核心技术、关键零部件及产品质量方面仍有较大差距，一线制造工艺还不够精细，技术还不够严谨，数据还不够充实。要使中国真正成为制造业强国，当代工人的“创造性劳动”是须臾不可或缺的，换言之，“创造性劳动”乃是当代工人的使命。这种使命感又与践行社会主义核心价值观相契合。“创造性劳动”充分体现出当代工人的敬业精神，“干一行，爱一行，专一行，精一行”，以技术创新不断填补空白，推陈出新，在百舸争流、千帆竞发的洪流中勇立潮头，为国争光。——从这个意义上说，实现中华民族的强国之梦，亟须赓续不断的“创造性劳动”。

（资料来源：沈栖，2015．“创造性劳动”是当代工人的使命［EB/OL］．（2015-05-04）［2021-04-14］．http://www.wenming.cn/wmpl_pd/yczl/201505/t20150504_2590926.shtml．）

（一）创造性劳动的特点

创造性劳动通过人类体力和脑力的消耗创造出无数种类的前所未有的使用价值，满足人们各方面的需要。作为一种特殊的人类劳动形态，创造性劳动既具有人类劳动的一般特点，同时又具有其独特性。

1．能动性

劳动是人类所特有的活动，是一种有目的、有意识的能动活动。无论是创造性劳动还是重复性劳动，都是人类独具的主观能动性的表现。人的意识始终在劳动过程中起着支配的作用，正是人的思维和意识使劳动表现为不同的形态。马克思在《资本论》中指出：“我们要考察的是专属于人的劳动。蜘蛛的活动与织工的活动相似，蜜蜂建筑蜂房的本领使人间的许多建筑师感到惭愧。但是，最蹩脚的建筑师从一开始就比最灵巧的蜜蜂高明的地方，是他在用蜂蜡建筑蜂房以前，已经在自己的头脑中把它建成了……他不仅使自然物发生形式的变化，同时他还在自然物中实现自己的目的。”因此，做什么、怎么做是在劳动之前和在劳动过程中由人的思维和主观意识决定的。创造性劳动来自人类思维的创造性，重复性劳动或模仿性劳动来自人类思维的重复性和模仿性。创造性思维决定了创造性劳动，培养和锻炼创造性思维方式对于能否进行创造性劳动是至关重要的。

2．对象性

劳动过程是一个劳动者充分发挥主观能动性、借助劳动资料将自己的劳动传导到劳动对象上的过程。在劳动过程中，劳动者处于主动地位，对劳动过程起着主导和推动作用。劳动对象则是劳动过程的客体，在劳动过程中转化为满足人们各种需要的属性的物，也就是劳动产品，体现了劳动的对象性，是对象化的知识力量。“自然界没有造出任何机器，没有造出机车、铁路、电报、走锭精纺机等。它们是人类劳动的产物……是人类的手创造出来的人类头脑的器官；是物化的知识力量”劳动产品作为物化劳动的形式，满足人们需要的属性表现为它们的有用性，这种有用性就是劳动产品的使用价值。创造性劳动的本质特征就表现为在创造性思维的主导下生产和创造出前所未有的新的使用价值的过程。

3．实践性

创造性劳动是在劳动实践中完成的，在劳动实践中才能使创造性劳动的主观能动性和客观对象性相结合转化为有用的劳动产品。如果空有创造性的思维或者创造性的灵感，并没有付诸实践使其通过创造性劳动过程转化为劳动成果，就不能将其称之为创造性劳动。仅有想法没有行动永远都是空中楼阁，离开了创造性的实践过程，再好的想法与灵感也无法转化为有用的劳动产品。因此，只有仰望星空与脚踏实地并存者才能走得到远方。只有通过在做中学、做中思、做中行，做到知行合一，才能实现理论与实践相统一，才能在劳动实践过程中提高大学生的知识水平和创造性劳动的能力与素养。

4. 累积性

通过创造性劳动生产和创造出新的使用价值并不是一蹴而就的，而是一个不断重复、循环累积的过程。例如，爱迪生发明电灯、居里夫人发现放射性元素镭、弗莱明发现青霉素的过程无一不是在实验室进行过无数次重复性实验的结果。只有在不断重复的过程中才能发现更好的方法和路径，最后创造出新的产品、技术、方法或者理论。如果说创造性劳动更多地表现为劳动产品的质的突破，重复性劳动表现为劳动产品的量的积累，那么重复性劳动是创造性劳动的基础，没有重复性劳动的量的积累就没有创造性劳动的质的突破。可见，创造性劳动是一个由简单到复杂、由低级到高级的过程，也是一个在重复性劳动和模仿性劳动过程中不断积累创造性因素的基础上实现创造的发展过程。

（二）创造性劳动的类型

人类进行劳动首先是源于自身物质生活的需要。人们通过劳动改造自然，以便生产出生活所需的各种物质产品。随着科学技术进步和社会分工不断深化，劳动生产力的提高使生产过程中的剩余产品不断增加，因而可以使一部分社会成员脱离生产劳动，去从事物质生产以外的各种活动。例如，认识自然规律及运用自然规律的科技活动、传播知识和启迪智慧的教育活动、获得以及维护人类健康的医疗活动等。因此，根据人类劳动形式的历史逻辑演变，可以将创造性劳动划分为创造性生产劳动和创造性非生产劳动两种类型。

1. 创造性生产劳动

生产性劳动是其他各种劳动的基础。正是生产性劳动创造的物质财富为其他形式的劳动提供了物质基础。创造性劳动包括创造和形成新的产品，如福耀集团生产出的各种超紫外线隔绝玻璃、钢化夹层隔音车窗玻璃、可随意切换光线的调光玻璃等。创造性劳动还包括在生产过程中对生产工艺的改进和突破，如对生产工艺流程、加工技术、操作方法、生产技术装备等方面的生产技术的开发和改进。

女工黄金娟通过创造性劳动完成的“电能表智能化计量检定技术与应用”项目成果获得了2017年国家科学技术进步奖二等奖，成为首位摘得国家科技进步奖的女性技术工人。这一成果广泛应用于电力能源基础领域，攻克了传统电能表人工检定效率低下、质量控制困难等难关，首创了电能表计量检定智能化作业工法。黄金娟发明的同步接拆、新型封印、智能移载3项技术，创建了电能表检定节拍测算工具与质量溯源方法，实现了电能表计量检定由人工作业向智能化作业的变革，使工作效率提升了58倍。39岁的“大国工匠”洪家光带领团队研发的“航空发动机叶片磨削用滚轮精密制造技术”，通过发明多因素耦合振动消减方法、超厚阴模高精度车削方法等，使叶片滚轮精密磨削精度提高至 0.005 毫米，合格率由 78% 提高至 92.1%，为国家新型战机、大飞机提供了关键的技术支撑。这些工作在生产一线的技术工人通过他们的创造性劳动在推动技术创新、加快产业转型升级、提高企业竞争力等方面做出了重要贡献。

干技术就是要踏踏实实

“科学技术无止境，必须精益求精，唯有不忘初心，一步一个脚印，才能不断攻坚克难。”从业 30 年，周家荣早已从一名稚嫩的学徒变成国内一流的钢丝绳制造技能大师，但面对自己的工作，他始终不改本色，时刻想着车间里的钢丝绳生产，时刻关注着钢丝绳的质量。

1987 年 12 月，19 岁的周家荣经过努力，以农转工身份进入贵州钢绳厂钢丝绳制造车间，成为一名合同制工人。只有初中文化的周某从踏上工作岗位的那天起，在师傅的耐心指导下，刻苦学习钢丝绳生产技能，虚心向老师傅请教工作中的难点、疑点，在短短 3 个月的时间内，就掌握了钢丝绳生产的关键技术、核心技术，在同期进厂的职工中最先独立上机操作，成为一线技术骨干。

为了给自己“充电”，周家荣不仅利用业余时间自修大专课程，并主动加强对钢丝绳制造关键设备和关键技术的学习，先后参加国家有关职业技能高级工、技师等培训，并以优异的成绩取得了技师资格证。他技术过硬、业务精湛，长期负责生产高附加值产品，能娴熟操作、维护、修理各种机器设备并提供技术指导，被称为“首席司机”。

在周家荣的带领下，“国家级周家荣技能大师工作室”成立，培养了一大批知识型员工。周家荣提出“实用与实践相结合”的教学原则，独创出一套“股绳工培训课堂十实践”综合教学法（即运用“课堂理论→操作实践→课堂理论”的教学方法），坚持理论联系实际，在搞好理论培训的同时，结合生产实践，对平时生产过程中容易遇到的技术疑难、技术要领进行演练、讲解，使授课变得生动、具体。员工们亦亲切地称周家荣为车间技术人才培养的“多产教师”。

作为一名国家级技能大师、党的十九大代表，在采访即将结束时，记者请周家荣对广大年轻职工和年轻党员说一句话。周家荣想了想说：“干技术工作就是要踏踏实实，希望广大年轻职工和党员同志不要好高骛远，要珍惜岗位和工作机会，爱岗敬业，做国家和社会有用人才，自己的人生价值也才能得到更好实现。”

（资料来源：孙远桃，2019. 周家荣：演绎“钢丝绳”制造精彩人生［EB/OL］.（2019-01-10）［2021-04-14］. http://acftu.people.com.cn/n1/2019/0110/c424426-30515333.html.）

2. 创造性非生产劳动

创造性非生产劳动包括文化、艺术、科学、教育、医疗、社会管理等不同形式的劳动。例如，创造性科研劳动是人们有目的、有计划、有意识地在已有认识的基础上，运用科学研究的方法，探索自然现象和社会现象的规律的认识过程。科学研究的英文是 research，从其构成上可以发现，就是反复（re-）探索（search），以求得对事物的真知。例如，“杂交水稻之父”袁隆平将自己一生中的时间和精力都放在了杂交水稻上，通过创造性劳动发明的杂交水稻让世界水稻产量得到了大幅度的提高，为粮食大面积增产发挥了重要作用，取得了巨大的经济效益和社会效益，为解决中国的温饱问题做出了卓越贡献。药学家、抗疟药青蒿素和双氢青蒿素的发现者屠呦呦创造性劳动创建的低温提取青蒿抗疟有效部位的方法，成为青蒿素发现的关键性突破。青蒿素的发现，标志着人类抗疟药物发展的新方向，挽救了几百万儿童的生命，她也因此获得2015年诺贝尔生理学或医学奖。

创造性艺术劳动则展现了人类在身体、智慧及精神方面的发展追求。创造性艺术劳动尽管不像物质生产活动那样作为人类生存、发展的手段而存在，但却作为人类本质体现的目的而存在。例如，意大利著名画家达·芬奇创作的油画《蒙娜丽莎》，我国北宋画家张择端创作的《清明上河图》，德国著名音乐家贝多芬创作的《C小调第五交响曲》等作品，还有一些文学家通过创造性劳动创作的文学作品等都是人类创造性劳动的物化形式。

二、创造性劳动的能力和方法

当今世界正处在大发展、大变革、大调整的时期，创新创造能力成为综合国力竞争的决定性要素，也是衡量一个国家核心竞争力的基本标志。《中共中央 国务院关于全面加强新时代大中小学劳动教育的意见》明确提出：“强化诚实合法劳动意识，培养科学精神，提高创造性劳动能力。”培养和提高创造性劳动能力不仅是实现中华民族伟大复兴的战略抉择，同时也是大学生自身成长成才的内在需要。

（一）创造性劳动的能力

创造性劳动能力是在学习工作中逐步养成的，在劳动实践中表现和发展起来的，对促进创造成果的产生起着导向和决定作用的大脑思维能力和劳动实践能力的综合体现，也就是在劳动过程中发现和解决新问题、提出新设想、创造新事物的能力。创造性劳动能力主要包括创造性劳动意识、创造性劳动思维、创造性劳动知识三个维度。

1. 创造性劳动意识

创造性劳动意识是根据社会和个体生活发展的需要，发现、发明和创造人类未有或部分未有新质使用价值的动机，并在劳动过程中力求产生创造性劳动成果的思想观念。创造性劳动意识是创造性劳动的出发点和内在动力，在劳动实践过程中体现为一种求新求变和求真求实的意识。

2. 创造性劳动思维

创造性劳动思维是人们从事创造性劳动时大脑中发生的思维活动。不同于常规思维，创造性劳动思维是人类认知新领域、开创人类认知新成果的思维活动，是以感知、记忆、思考、联想、理解等能力为基础，以综合性、探索性和求新性为特征的高级心理活动。创造性劳动思维具有独创性、灵活性、非逻辑性和不确定性等特点。

1）独创性

创造性劳动思维往往需要打破常规思维形成的思维定式，能从多角度、多侧面、多层次、多结构去思考，通过独特、新颖的思维过程发现和创造新事物，既不受现有知识的限制，也不受传统方法的束缚。这意味着创造性劳动思维要用新的思考程序和思考步骤进行试探和尝试。同物理学中的惯性一样，人的大脑思维也存在着思维惯性。一旦沿着一定的方向、按照一定的次序长期思考某一问题，当再次碰到相同或类似的问题时，还是会沿着上次思考的方向或次序去思考，从而形成一种相对固定的思维模式，即思维定式。思维定式尽管可以帮助人们利用已有的方法快速解决问题或形成良好的秩序，如遵守交通法规和按次序排队等。但是，思维定式会将人的思维方式局限在已知的、常规的解决方案上，促使人们沿着思维惯性的方向去行动，而阻碍了创造性劳动的产生。创造性思维的首要特点就是独创性，要突破已有的思维定式，或者在思路的选择上，或者在思考的技巧上，或者在思维的结论上，具有前所未有的独到之处，具有一定范围内的首创性、开拓性。

2）灵活性

创造性劳动思维并无现成的思维方法和程序可循，所以它的方式、方法、程序、途径等都没有固定的框架。创造性思维活动在考虑问题时能够迅速地从一个思路转向另一个思路，能够变换视角看待同一问题，可以根据不同的对象和条件，具体情况具体对待，灵活应用各种思维方式，多方位地探究解决问题的办法，因此创造性思维活动可表现出不同的结果或不同的方法、技巧。例如，人们印象中的咖啡厅一般都被界定为一个休闲的场所，在星巴克等咖啡品牌的引领下，咖啡厅以白领第三空间的形象出现在市场竞争格局中，体验、休闲、社交成为咖啡厅的新形象。

3）非逻辑性

创造性思维活动是一种开放的、灵活多变的思维活动，它的发生伴随有“直觉”“灵感”“顿悟”之类的非逻辑思维活动，往往因人而异、因时而异、因问题和对象而异，所以创造性思维活动具有极大的特殊性、随机性。人类关于创造性劳动思维和创造性劳动的成功范例验证了“灵感”“顿悟”等非逻辑思维活动在创造性劳动思维中的不可替代性，只有捕捉灵感、实现顿悟，创造性劳动才能实现前所未有的突破。

4）不确定性

创造性思维活动从现实的活动和客体出发，但它的指向不是现存的客体，而是一个潜在的、尚未被认识和实践的对象。创造性思维的对象或者是刚刚进入人类的实践范围、尚未被人类所认识的客体，人们只能猜测它的存在状况，或者是人们虽然对其有了一定的认识，但认识尚不完全，还可以从深度和广度上加以进一步认识的客体，这两类客体无疑带有潜在性。由于创造性思维活动是一种探索未知的活动，因此要受着多种因素的限制和影响，如实践的条件与水平、认识的水平与能力等，这就决定了创造性思维并不是每次都能取得成功，甚至有可能毫无成效或者做出错误的结论。

3. 创造性劳动知识

知识是思维能力的重要组成部分，是人们在实践过程中积累起来的认识成果，人们运用和处理这些知识和信息时所组织起来的思想活动便是思维。因而可以说，知识是人类思维活动的基础和资料，不同内容、不同层次、不同形式的知识通过人的思维相互结合、协同、补充抑或对立、排斥、分离，形成了各个领域、各个时代的新知识、新理论。创造性劳动与简单的重复性劳动不同，在创造新产品、新技术、新方法、新思想或新理论的过程中必然要以掌握一定的知识为基础，通过对已有知识进行消化、吸收、加工，从而创造出前所未有的新使用价值。创造性劳动的完成绝非偶然，人的创造性劳动思维总是需要知识积累到一定程度才可能发生。如果对于事物只有些片面了解，支离破碎的知识将很难提供出创新思维的条件，可见创造性劳动必须建立在一定的知识积淀的基础上。

（二）创造性劳动的方法

1. 形态分析法

形态分析法是一种利用系统观念来网罗组合设想的创造发明方法。其思路是把技术课题分解成为相互独立的基本要素，找出每个要素的可能形态，然后加以组合，得到各种解决技术课题的总构想方案。总构想方案的数量就是各要素方案的组合数。如将气泡分别与塑料、橡胶、玻璃、砖、混凝土结合，结果发明了泡沫塑料、泡沫橡胶、多孔玻璃、空心砖和发泡混凝土等一系列新产品。

例如，在为某物品设计一种新的包装时，如果只考虑包装材料与形状 2 个因素，每个因素设定 4 个要素（即有 4 种不同的材料和形状供选择），采用图解方式进行排列、组合，可以得出 16 种方案。如果再加上一个色彩因素，也设定为 4 个要素，则可以得出 64 种不同的组合方案。

形态分析法可以为解决问题提供所有能想到的可能解答的集合，能帮助激励创造性思维，从所熟知的解答要素中发现、发明与设计全新的组合。

从表 5-4 的挖掘机的功能矩阵，选取 6 个分功能作目标标记，从理论上可以得到 8100 种不同组合，即 $N=6\times5\times3\times5\times3\times6=8100$。

表 5-4　挖掘机功能矩阵表

目标标记		解答					
		1	2	3	4	5	6
A	驱动功率	电动机	汽油机	柴油机	液压马达	气动马达	透平
B	传动功率	液力耦合器	皮带传动	拉杆	电机	气动离合器	
C	转矩变换	机械传动	液力传动	电传动			
D	位移	轨道及轮	空气轮胎	履带	汽缸	固定	
E	取物	挖斗	抓斗	挂钩			
F	取物传动	绳传动	机械拉杆	重力	汽缸	自身驱动	油压缸

如果选取组合 A3＋B1＋C2＋D3＋E2＋F6，可以组成液压履带式挖掘机。如果选择 A2＋B2＋C1＋D2＋E1＋F2，可以组成机械轮胎式挖掘机。

不难看出，只要把课题的全部要素和各要素的所有形态都列出来，组合后的方案将是非常多的。

形态分析法可以广泛应用于新技术和新产品的开发，以及技术预测等许多领域。1943 年，F. 兹维基在参加美国火箭研制过程中，为了找出众多的方案，借用数学中排列组合的原理，按照火箭各主要组成部件可能具有各种形态的不同组合，在1周之内交出了576种火箭设计方案，其中有不少是极具创造性的设想。

形态分析法的应用并不取决于发明者的直觉和想象，而是依靠发明者的认真、细致、严密的分析，以及精通与发明有关的知识。当问题比较复杂，要素和形态很多，组合的数目也十分庞大时，就给评价带来困难，它需要使用者抓住主要矛盾，并具有敏锐的直觉选择和评价能力。

形态分析法的实施程序有以下几个步骤。

（1）明确需要解决的问题。要求能十分准确地说明所要解决的问题或所要实现的功能。

（2）根据需要解决的问题，列出独立要素。分析需要创新的对象，确定它有哪些基本要素（或基本参数），要求各基本要素相对独立，并全面考虑。

（3）形态分析。找寻每个要素的可能解决条件（即形态）。要求尽量全面，既要列出当时技术条件下可达到的或在允许时间内可达到的方案，也要列出有潜在可能的各种手段和方法。

（4）方案综合和选择。列出形态矩阵，将各个要素组合成多种创造性设想。形态分析法可以避免先入为主的影响，并可避免单凭头脑思考致使挂一漏万。形态分析法不仅在科学技术方面应用广泛，它还可以应用于社会科学领域，特别是运用计算机进行分析，对复杂问题的处理会更加有效。

2. 主体附加法

主体附加（添加）法是指以某一特定的对象为主体，通过置换或插入其他技术或增加新的附件创新的方法。此法常适于对产品作不断完善、改进时使用。

主体附加法具体实施步骤有以下几个方面。

（1）有目的地选定一个主体。

（2）运用缺点列举法，全面分析主体的缺点。

（3）运用希望点列举法，对主体提出种种希望。

（4）考虑能否在不变或略变主体的前提下，通过增加附属物以克服或弥补主体的缺陷。

（5）考虑能否通过增加附属物，实现对主体寄托的希望。

（6）考虑能否利用或借助主体的某种功能，附加一种别的东西使其发挥作用。

运用主体附加法往往可使主体获得多种附加功能而成为多功能用品，然而作为多功能物品的设计应该全面考虑、权衡利弊，否则会事与愿违、费力不讨好。

3. 二元坐标联想组合法

二元坐标联想组合法（下文统称为二元法），是将各类联想元素排列在直角坐标系中，使各类元素相交于相应点，在每个点上进行强制的创造性想象或联想，并逐个研究分析联想元素组合后现实存在的意义。

在平面直角坐标系中，坐标是由两条正交的纵轴和横轴组成。纵轴和横轴上任意一对实数都能确定平面上的一个点。如果将纵轴和横轴上的实数用不同的事物取代，那么，就可以借助坐标系把所列的客观事物在它们的交点联系起来，然后对每组联系开展创造性思维，从而产生前所未有的新设想、新形象或新方案，实现创造性的突破。

二元法在技术创造、技术革新和技术发明中有着广泛的适用性，有利于突破习惯观念，克服惰性思维，迅速地产生大量的创造性设想。

1）列出联想元素

列联想元素时不受任何限制，可以随心所欲，但联想元素最好以特性分类列出，如材料、功能、颜色、形态、名词、动词、形容词等。

材料：铝、塑料、木、铜、铁、竹、纸、陶瓷、玻璃等。

功能：荧光、遥控、光控、太阳能等。

颜色：红、绿、蓝、紫、黄、白等。

形态：圆形、椭圆形、方形、三角形、球形、半圆形、扇形等。

名词：手表、计算器、台灯、钳子、帽子、衣服等。

动词：手摇、脚踏、风动、电动、旋转、翻转、转动等。

形容词：柔软的、坚硬的、圆滑的、光洁的、粗糙的、快速的等。

2）做二元坐标联想图

将联想元素填入相应联想图中各点，各联想元素按图中坐标联结起来，可构成联想点。一般情况下，宜选取 18～24 个联想元素构成二元坐标联想图。

3）强制联想和判断

针对每个联想交叉点进行强制联想，做出评判，并将联想评判的结果用符号标记在联想图上。在对联想交叉点进行联想判断时，由于每个人的职业、经历和知识都存在差异，创造力也有高低，会得出不同结论，这都是正常现象。不过每个人都必须充分发挥创造性思维和转移能力，才能取得理想的效果。

4）摘录出有意义的联想

从二元联想图中摘录出有意义的联想，用确定的带修饰性的文字语言进行表述，叙述要简单明了，并将摘录出的联想列出表格。

5）对有意义的联想进行可行性分析

逐一对表中有意义的联想进行反复深入的分析、研究、分类，确定实施的方向。

可行性分析工作一般从以下 5 个方面考虑。

（1）科学性。

（2）新颖性。

（3）实用性。

（4）实现的可能性。

（5）技术方面的可行性。

在技术方面则应侧重考虑以下几个问题。

（1）有无类似产品，进行综合比较。

（2）社会价值或意义。

（3）涉及的知识面和技术关键。

（4）能否达到生产条件和技术水平。

（5）确定近期的或长远的研究课题。

二元法形式简捷而不单调，适用性强，应用便利，效果显著，很适合个人或集体开展创造性活动。

具体的操作方法如下所述。

（1）参加人员 1～6 人为宜，设置统一纸张，活动由指定主持人负责，参加人员要有代表性。

（2）各自列举联想元素，编制联想图，分析判断和摘取有意义的联想点。

在企业或科研开发部门有一定革新方向的活动中，可由主持人按照革新方向和企业条件、专业，有目的地预先设置若干联想元素，有利于使联想引向革新的方向。但是，设定的联想元素不能太多，应不超过总数的 30%～50% 为宜。应该注意到，预先设置的联想元素会削弱联想的强度，可能会减少新设想的数量，但对于企业解决确定的问题是十分必要的。

（3）依次互换联想图，将他人认为无意义的或有疑问的，而自己认为是有意义的联想点摘录出来，记在纸上，但不要标在别人的联想图上，依次循环一周。

（4）各自对有意义的联想点进行分析，摘出所有可行性联想点列表。

（5）主持人收集所有的可行性联想方案。

（6）由主持人逐项公布可行性设想，请原分析者说明情况，展开讨论。

（7）由 1 人记录，将讨论结果逐条记录，对有价值的写成议案。

拓展阅读

一家家具公司想要开发新式家具。其中，一位开发员运用表 5-5 的方式进行新式家具的开发。

表 5-5　新式家具的开发

分类	床	沙发	桌子	衣柜	镜子	电视
床						
沙发	沙发床					
桌子	床头桌	沙发桌				
衣柜	床头柜	沙发柜	组合柜			
镜子	床头镜	沙发镜	镜桌	穿衣镜		
电视	电视床	电视沙发	电视桌	电视柜	反画面电视	
灯	床头灯	沙发灯	台灯	带灯衣柜	镜灯	电视灯

问题：这位开发员开发新式家具的方法是什么？

点评：这位开发员是运用二元法开发新式家具的。他先列出家具的组合元素，然后将要组合的对象列成坐标体系，然后一一对应进行联想组合，从而得出开发新式家具的新成果。二元法形式简洁而不单调，运用时不受限制，适宜个人或集体的创造。

（资料来源：袁轩宇，2020. 大学生创新创业基础［M］. 天津：天津人民出版社.）

4. 同物自组法

同物自组法是将两个以上的事物组合起来解决问题的方法，在技术发明中有许多应用。常见的同物自组包括功能组合、特性组合、技术组合等。

圆珠笔携带方便，但字迹时间长了会淡化，不能用于签署重要文件；传统钢笔字迹牢靠但灌墨水又不方便。于是，集圆珠笔方便性和钢笔字迹可靠性于一身的墨水宝珠笔诞生了。这种宝珠笔就是圆珠笔与钢笔的功能组合。

5. 特性列举法

特性列举法是美国内布拉斯大学教授克劳福德研究总结出来的一种创造方法。它采用的主要手段是通过对发明对象的特性进行分析，并一一列出，然后探讨能否改革，怎样实现变革的办法。因此，它也成为分析型创造技法，特别适用于具体事物的创造发明与革新。

特性列举法的具体程序如下所述。

（1）选择需要革新的对象，将对象的特征或属性全部列举出来，犹如把一部机器分解成一个个零件，每个零件功能如何，特性怎样，以及与整体的关系如何，都要列出来。可以列成表，对表中的各项展开分析，发现线索。

目标的选择应该是挑选一个比较明确的发明或革新课题。课题宜小不宜大，如果是一个比较大的课题，也可以分成若干个小课题来进行。课题选定后，再列举出发明或革新对象的特性。

（2）从 3 个方面考虑列举事物的特性。

① 名词特性：名称、材料、全体、部分、制造方法等。

② 形容词特性：性质、颜色、形状、感觉等。

③ 动词特性：功能与功能作用的性质等。

例如，革新一把水壶，就可以先将水壶的特性分别列出。

• 名词特性

整体：水壶。

部分：壶嘴、壶把手、壶盖、壶身、壶底、蒸汽孔。

材料：铝、铁、搪瓷、铜等。

制作方法：焊接法、冲压法等。

• 形容词特性

颜色：红色、蓝色、白色、黄色、银白色等。

形状：高低、大小，图案多种。

性质：轻重。

• 动词特性

功能：盛水、倒水、保温、烧水等。

在这一程序中，必须注意尽量列举出该事物的所有特性，不得遗漏。列举得越充分、越详细，对创造提出的思路越宽广，也越容易取得成功。同时，列举事物的充分发散，亦有利于将大问题化为小问题，有利于创造发明或技术革新的顺利进行。

（3）从各个特性出发，通过提问，诱发出用于革新的创造性设想。这时，可用智力激励法充分发散，以便产生众多的设想。在这一阶段，创造者应针对各种属性，尽量试用更多的创新方法加以置换，引出具有独特性的方案。进行这一程序的关键是要详尽地分析每一特性，提出问题，找出缺陷，再从材料、结构、功能等方面加以改进。

（4）整理、选择出可行性方案。将产生的众多设想，通过检核、评价，筛选出经济效益高、切实可行的设想，并进一步完善为实用方案，付诸实施，使产品更能符合人们的需要和目的。

在运用特性列举法进行创造时，应尽量从各个角度提出问题。对事物的特性分析得越详细越好，以便得到更多的启示。仍以前面提到的水壶为例，按习惯的看法，这种水壶已经不错了，没有多少需要革新的地方。若围绕名词特性，就可以提出："冒出的蒸汽会烫手，蒸汽孔能否移至别处？""焊接的地方能否采用其他的方法连接？"除此以外，是否还可以使用更廉价的材料制造？"等。围绕水壶的形容词特性、动词特性，也可以提出一系列问题，这样就可能革新出更多品种的水壶来。

目前市场上销售的鸣笛壶，就是通过这一思路革新成功的。特种水壶的蒸汽口设在壶口，水烧开后壶会自己鸣笛，在远处就知水开了；蒸汽不会吹向手把，提壶时也不会烫手；水壶的外壳冲压成型，焊接壶底，使外观更加美观。

近年来，国内市场上畅销的气压保温瓶，就是从动词特性（功能）和形容词特性（美观）的分析中得到启示，对传统保温瓶做了革新的产物。革新后的保温瓶具有气压出水的功能；改变了的造型、色泽，使它不仅具有实用价值，而且还有装饰美化的作用。

特性列举法是一种简单易行的创造技法，在新产品的开发设计中非常适用，特别适应于轻工业产品的小改小革。在新产品的研制开发过程中，有利于为设计方案提供思路，引导创造发明成功，所以很值得推广。

6. 缺点列举法

缺点列举法是通过发掘事物的缺陷，把它的具体缺点一一列举出来，然后找出革新方案，进行创造发明的一种方法。

现在企业中正在生产或市场上正在销售的各种商品，都不是十全十美的，它们或多或少地存在着一些缺点。可是，人们的惰性，使人们对于习惯的东西，往往不再去发掘它们的缺陷。这会使本来具有的创造力丧失，无所创新。相反，如果对产品"吹毛求疵"，找出它们的缺点，然后运用新的技术对产品加以改革，就会创造出许多新的产品来。

缺点列举法的使用程序为：①列举出事物的缺点，必要时应广泛调查研究，如到用户中去征求对某种商品的意见；②将缺点加以归类整理；③对缺点进行分析，设法改进不足，加以利用，化弊为利。

使用缺点列举法时，也可将同类产品集中在一起，进行比对，寻找缺点，然后设法加以改进。这种方法起点高，前进步子大，一旦成功了，可以迅速占领市场。利用缺点列举法进行创造发明的具体做法主要有个体寻求缺点法、集体会议法和征询法。

1）个体寻求缺点法

个体寻求缺点法是指创造者个体为了创造发明的目标，对事物的缺点进行追踪列举，尽可能地发散自身的思维能力，从多种途径、多个方面列举出该事物的缺点，然后，进行整理、加工，提出相应的解决线索或方案，从而使创造发明取得成功的一种创造性活动。

个体的缺点寻求，往往受到个体智力水平、经验能力、思维活动能力的局限，可是，现实中大量存在的却是个体的创造活动。

2）集体会议法

一些较大的技术改造和创造性活动，往往不是一个人所能完成的，这就需要集体的力量。集体会议法可以起到互相激励、互相影响、互相补充的作用。

集体会议法的操作方法是召开缺点列举会。

缺点列举会的程序如下所述。

（1）选定一个会议主持人。

（2）由主管部门或会议主持者针对某项事物选择一个需要改进的主题。

（3）发动与会者围绕主题尽量列举原事物的各种缺点，越多越好。

（4）在缺点列举会上不要出现批评或讥笑等不利现象，使大家畅所欲言。

（5）由一个人将所提出的缺点逐一记录编号，整理为缺点列举表，或记在一张张小卡片上。

（6）围绕缺点提出改进设想，或者有创意的线索。

（7）评估、筛选。根据客观条件，提出改进方向，制定出切实可行的革新方案。

（8）会议的时间应控制在1～2小时。

采取会议的形式实施缺点列举法，应注意会议讨论的题目宜小不宜大，即便是大的题目，也可分成若干个小题目分次解决。如果一次会议效果不理想，还可以召开二次、三次或多次会议，直至取得满意效果。

3）征询法

征询法多用在对产品的质量问题上。像通常为了解产品质量问题而采取的客户访问，实际上就是对质量属性缺点的征询。针对产品的缺点，可以派员工到产品销售点，如商店，了解顾客对产品的看法和意见，然后经过整理归类，并加以改进，也可以达到革新产品的目的。

征询法的形式多种多样，通常为征询表、书面征询或口头征询，应根据具体的条件灵活地应用不同的征询形式。

缺点列举法的特点是直接从社会需要的功能、审美、适用性、经济性等角度出发，研究对象的缺陷，提出改进方案。缺点列举法简单易行，容易掌握。

缺点列举法主要是围绕原来事物的缺陷加以改进，一般不改变原事物的本质与总体，属于被动型方法。一般多用于老产品的改造上，也可以用在完善不成熟的新设想和新发明上，以便发现缺点，促使其完美。

缺点列举法的应用面非常广泛，它不仅有助于革新某项具体产品，解决属于“物”一类的硬技术问题，而且还可以应用于企业管理，解决属于“事”一类的软技术问题。

7. 希望点列举法

希望点列举法是从人们的“希望”出发，而进行创造发明的方法，这种创造技法不同于缺点列举法。

缺点列举法是围绕现有事物的缺点提出各种各样的改进设想，这种方法不会离开物品的原形，因此，它是一种被动型的创造发明方法；而希望点列举法是从创造者的意愿出发而提出各种新的设想，它可以不受原有事物的约束，因此，它是一种积极、主动型的创造发明方法。

从希望点列举法的主动型特性可以给人们这样的提示：在采用希望点列举法时，创造者应该具备基本的素质，也就是说要具有不满足现状的态度和敢于创新的精神。

希望点列举法的应用范围十分广泛，也容易掌握。现在市场上流行的许多产品都是根据人们的希望研究出来的。人们希望茶杯冬天能保暖、夏天能隔热，于是就发明了保温杯。

希望点列举法的具体应用程序如下所述。

（1）对现有的某个事物提出希望。这个希望一般来源于两个方面：一是该事物存在的不足；二是人们对产品的需求高度上升，必须增加产品的功能，满足人们新的需求。

（2）评价所产生的希望。

（3）对可行性希望进行实施，以期达到创造性结果的出现。例如，人们日常穿的衣服一般都不防雨。遇到下雨的时候，往往会被淋湿，带来许多不便。基于此种原因，人们便产生了许多希望：

① 生产一种既能平时穿，又能下雨时穿的衣服；

② 把雨下到田里去，不要下到人们经常活动的马路等处；

③ 把人行道遮上一部分，即使下大雨，人也不会被淋湿；

④ 在人们休息后，如晚间零点以后才下雨，白天不要下雨；

……

提出这些希望以后，就要逐个加以分析研究，分析在现有的科学技术水平下，哪个希望更容易实现。

分析上面 4 点，不难看出，第①③条容易实现。现在市场上已有多种品种式样的晴雨衣出售，其穿着舒适，晴天透气性良好，雨天又可以防雨，不会打湿内衣；针对第③条，特别是南方多雨的城市，在商业闹市区段，把人行道遮起来的情况不乏其例，它既可以遮雨又可以挡阳光。至于第②条和第④条，经过功能的转化，也可以实施，而且都有实现的例证，如为了减少冰雹对农业带来的灾害，用驱云弹把乌云赶走，把冰雹云驱散；为了缓解旱情，在需要降雨的地方采用人工降雨。

第②条和第④条实质上是人工控制自然的功能，其应用实例也正是实现了人工控制的功能，这种功能的转移，远比原希望的意义深刻得多。

三、大学生创造性劳动能力的培育

劳动作为人类最基本、最重要的存在方式，既是培养人、塑造人的重要手段，实现人的解放和自由全面发展的根本途径，具有树德、增智、强体、育美的综合育人价值，也是获取知识、积累知识、创新知识，并将知识不断系统化的重要手段和根本途径。在实践中，只有将正确的劳动价值观、端正的劳动态度、优良的劳动品德、良好的劳动习惯与从事创造性劳动所必须具备的知识、技术、智力等因素有机地结合，才能将劳动技能转化为劳动成果，源源不断地创造财富、产生价值。大学生作为中国特色社会主义事业的建设者和接班人，培育和提高创造性劳动能力首先要确立正确的价值导向，理性地认识自己的专业和未来将要从事的行业与岗位，将自己的需求和社会的发展需要结合起来，在此基础上通过专业知识的学习和实践锻炼不断提升创造性劳动能力。

（一）价值引领：树立创造性劳动正确的价值导向

习近平总书记在全国教育大会上强调："要在学生中弘扬劳动精神，教育引导学生崇尚劳动、尊重劳动，懂得劳动最光荣、劳动最崇高、劳动最伟大、劳动最美丽的道理，长大后能够辛勤劳动、诚实劳动、创造性劳动。"思想决定行动，树立什么样的劳动价值观直接影响着人们对劳动的态度和行为。大学生培养和提升创造性劳动能力，要在学习专业知识的同时逐步理解和形成马克思主义的劳动价值观，厚植热爱劳动、热爱创造的情感态度，培养辛勤劳动、诚实劳动、创造性劳动的优良品德。

1. 树立正确的劳动价值观

劳动价值观是劳动者对劳动的思想认识、根本看法，它直接决定着劳动者的价值判断、情感取向与行为选择，是劳动素养和劳动能力的核心内容。劳动价值观一旦形成，就成为一种"先入为主"的立场和态度，成为一种思维定式和行为倾向，在实践中指导和支配着人的理想信念、价值取向、思想境界、道德操守与行为准则。

大学生培育和提高创造性劳动能力，应结合唯物史观教育和劳动科学知识的学习，充分认识"人民创造历史，劳动开创未来。劳动是推动人类社会进步的根本力量"的真理性意义，真正明白"劳动是财富的源泉，也是幸福的源泉"的道理，真切体验在劳动创造中"把自己的理想同祖国的前途、把自己的人生同民族的命运紧密联系在一起，扎根人民，奉献国家"的幸福感。例如，我国的"两弹一星"元勋邓稼先在长期从事核武器研究期间，从原子弹、氢弹原理的突破和试验成功以及武器化，到新一代武器科研攻关，都做出了巨大贡献。许多重大理论问题和探索性研究工作都是他亲自把关。为了祖国的国防科技事业，他呕心沥血、隐姓埋名，甘当无名英雄。他将自己的智慧、幸福及生命毫无保留地献给了中国的国防事业。他与老一辈科研工作者们为世人留下了一座永恒的精神丰碑。正是在这样的劳动价值观的指引下，无数的科研工作者自觉地把个人理想与祖国命运、个人志向与民族复兴紧紧联系起来，把爱国之情、报国之志融入建设祖国的伟大事业中，融入人民创造历史伟业的伟大奋斗中，真正实现了创造性劳动的价值。

2. 厚植真挚情感

劳动情感态度是劳动者的个性心理特征的反应，是个体在一定劳动价值观支配下、在长期劳动情感体验基础上形成的一种相对稳定的对待劳动的心理倾向。新时代劳动情感态度教育，既要强调热爱劳动、勤于劳动，又要强调热爱创造、善于劳动。因为热爱劳动、热爱创造是立业为人的根本，是实干兴邦的基石，更是富民强国的动力。大学生培育热爱劳动、热爱创造的情感态度，一方面要培养热爱劳动者的真挚情感，真正做到"任何时候任何人都不能看不起普通劳动者，都不能贪图不劳而获的生活"；另一方面要在专业学习和实践锻炼中形成创造性劳动意识，提升创造性劳动思维能力，构建科学、合理的知识体系，掌握创造性劳动的方法与技巧，不断培育"热爱创造"的真挚情感。

3. 培养优良的劳动品质

辛勤劳动、诚实劳动、创造性劳动具有内在的逻辑统一性。辛勤劳动是诚实劳动、创造性劳动的前提和基础。“一勤天下无难事”“民生在勤，勤则不匮”，这些中国人自古秉承的劳动信念在新时代依然熠熠生辉，“坚持艰苦奋斗，不贪图安逸，不惧怕困难，不怨天尤人，依靠勤劳和汗水开辟人生和事业前程”依然是新时代大学生需要发扬的美德。诚实劳动是辛勤劳动的表现，也是创造性劳动的前提。创造性劳动是辛勤劳动、诚实劳动的发展，也是劳动的核心和本质要求。因此，大学生要深刻理解新时代的劳动者“不仅要有力量，还要有智慧、有技术，能发明、会创新”的道理，要以科学家、大国工匠和劳动模范为榜样，胸怀理想、脚踏实地、勤奋学习、锐意进取、敢为先锋、勇于创造，不断谱写新时代的劳动创造之歌。

（二）厚积薄发：掌握创造性劳动必要的知识与技能

知识是创造性劳动能力的基础，创造性劳动必须建立在一定的知识、技术、技巧之上。大学生提高创造性劳动能力不仅要通过各方面知识的学习构建合理完整的知识体系，还要注重新知识、新技术、新工艺、新方法的应用，以及在实践中培养和锻炼综合运用这些知识、技术、技巧的能力。

1. 构建合理完整的知识体系

基础知识、专业基础知识和专业知识是构成大学生知识结构基本框架不可或缺、相互支撑的三类知识。完成创造性劳动不仅需要掌握一定的专业知识，其他方面的基础知识和专业基础知识同样发挥着重要的作用。一些学生可能认为，大学学习既然有经管法类、文史哲类、教育学类、理工类、农学类、医学类和艺术类等专业的区别，并且以就业为主要目的和导向，因此就应把精力放在专业知识的掌握上，基础性的知识可学可不学，而且在不同的基础性知识中，只重视专业基础知识而忽视其他各种基础性知识的倾向在大学生中也较为普遍。一些学生认为基础性知识的范围仅限于与本专业直接有关系的基础知识，而把诸如社会生活中的一些常识类的事实现象类知识、作为思维方法的哲学知识、规范人们行为方式的伦理道德和政策法规知识等都排除在基础知识范围之外，其最终的结果就是造成知识面狭窄、基础知识薄弱、学习活动局限于某一专业领域，缺少一些必要基础理论知识修养，影响了创造性劳动能力的提升。可见，大学生要想提高自身的创造性劳动能力，必须要全面掌握基础知识、专业基础知识和专业知识，通过构建合理完整的知识体系为完成创造性劳动奠定坚实的基础。

2. 注重新知识、新技术、新工艺、新方法的应用

随着科学技术的快速发展，以互联网、大数据、云计算、人工智能、区块链、物联网等为代表的新知识、新技术、新工艺、新方法不断涌现，使劳动者的工作环境和工作方式发生了巨大的变化。生产、管理、研发、销售等不同的工作岗位对劳动者素质和技能水平的要求不断提高，越来越多的重复性的熟练工作岗位将被智能机器所取代，劳动者的人机交互能力、灵活处理各种实际问题的能力及创新创造能力变得越来越重要。互联网将不同领域的信息有效地连接起来，将生产、流通、服务等环节打通，更有利于培育出新产品、新模式和新业态。“互联网+”不仅催生了技术创新、产品创新，还带动

了商业模式创新、平台模式创新、服务模式创新、盈利模式创新、机制创新、文化创新、运营模式创新和观念创新。因此，大学生要紧跟科技发展和产业变革的步伐，准确把握数字经济时代劳动工具、劳动技术、劳动形态的新变化，不断扩充和完善自身知识体系和结构，在学习和生活中培养和树立互联网的逻辑思维，不断提升创造性劳动能力。

3. 在实践中培养创造性解决问题的能力

实践教学（包括实验、实习、实训等环节）是深化课堂教学的重要环节，是获取、掌握知识的重要途径。其中，实验教学作为课堂理论教学的辅助，通过实验可以加深对课堂上所学理性知识的理解，实现感性知识与理性知识的融会贯通；实习是专业教学阶段性的认识性实践教学，是理解专业知识、熟悉专业设备和掌握操作技能的必要实践环节，有助于大学生了解本专业所对应的岗位、所从事工作的内容和对工作人员能力与素质的要求；实训是对包括单项能力和综合技术应用能力进行的训练，也是应用型实践教学。通过实训，大学生可以掌握从事专业领域实际工作的基本操作技能和基本技术应用能力，因此，大学生应通过实验、实习、实训等实践教学提高自己的动手能力。只有通过在做中学、做中思、做中行，才能真正切身体会“纸上得来终觉浅，绝知此事要躬行”，才能不断提高运用专业知识和技能解决实际问题的能力和创造性解决问题的能力，真正实现理论与实践相统一，为日后走向职场奠定基础。

活动与训练

创造性劳动能力的训练·活动与训练

金钱大集合

【目标】

培养学生分析能力和创造能力。

【任务】

所有参与者组成教师所说的金钱数值。

【准备】

地点：三层楼及室外空地。

材料和工具：无，或者在必要的情况下准备人民币面值标志牌。

【行动】

所有学生都会代表一定面值的钱币，具体如何代表由教师根据实际情况确定，如女生代表1元，男生代表5角，也可以分组分配，把1角、2角、5角、1元、2元……都表示出来，但最好能够用比较明显的标志来标示。

（1）活动开始之后，每隔一段时间，教师会随机说出一个金钱数值，要求大家必须在5秒之内根据自己所代表的面值找到合适的伙伴组合成教师所说的数字，如果有没有完成的学生，必须当场接受“惩罚”，如做俯卧撑、蹲起、蛙跳或者表演其他节目。

（2）在教师说出数字的间隙，所有学生要保持大圈的形式按照顺时针慢慢行走。

（3）请每次都没有找到团队的学生站出来说说感想。游戏可以进行5~8次，最后一次一般是以全体人员组成的总数字形成大团队，从而达到团队激情的高潮。

【评价】

要求：任务评价的内容要围绕本主题，对事不对人，用词要积极向上，不能进行人身攻击。填写表 5-6“金钱大集合”活动评价表。

表 5-6　“金钱大集合”活动评价表

评价内容	个人评价	同学互评	教师点评
你了解离你最近的同学分别代表哪些人民币面值吗			
当教师每次说出数字之后，你的第一反应是什么			
有没有好的办法可以以较快的速度完成组合			
个人积极主动可以对游戏结果产生什么样的影响？积极主动和莽撞的区别在哪儿			

活动与思考

1. 举例说明创造性劳动推动科技进步。
2. 请一笔连接图 5-2 所有的点，看谁连接出来的最富有意义。

图 5-2　美丽风景线图

注意：你可以画出一个五角星，但是富有创意的结果，远远超出我们的想象。

3. 劳动实践项目：制作一个能提高劳动效率的新工具。

项目六

劳动保障与未来劳动——劳动实现生涯幸福

劳动教育箴言

劳动是人的第一需要。

——卡尔·马克思

劳动是整个人类生活的第一个基本条件。

——弗里德里希·恩格斯

人在用劳动创造物质财富和精神财富的同时，也在创造自己。

——瓦·阿·苏霍姆林斯基

树立维护自身合法劳动权益意识，掌握维护合法权益途径；树立安全生产意识，规避劳动禁忌，了解常见的职业病类型，并掌握规避职业病的预防措施，能够识别安全标志和危险源；了解未来工作趋势和工作形式，具备满足未来工作的劳动素养。

1. 大学生的劳动权益有哪些？当自身劳动权益受到损害时，有哪些途径可以维权？
2. 劳动中有哪些禁忌？如何规避？
3. 常见的职业病有哪些？如何预防职业病？
4. 未来无边界职业生涯和易变性职业生涯给我们带来什么启示？

任务一　劳动权益意识训练

案例与故事

走向职场要长点“心”

小王和小赵是即将面临毕业的大学生，通过报纸广告，两人相约来到一家房地产广告公司应聘市场部助理。面试、笔试各个环节进行得都非常顺利，最后，面试负责人通知小王和小赵，他们被录用了，试用期的主要工作是联系相关写字楼的承租客户，同时，试用期小王和小赵每人必须交纳3000元的押金。交押金的目的是为了保证公司利益不受损失，试用期结束后公司会将押金退还。初试锋芒的成功让小王和小赵兴奋不已，两人并未多想，就从银行取款交纳了押金，开始着手完成他们试用期的工作任务。接下来一个月的时间，按照公司指定的几座写字楼联络计划，小王和小赵分头忙碌起来，每天从学校到写字楼往返奔波。然而一个月下来，小王和小赵竟然没能联系到一家客户。他们只好如实向公司有关负责人说明了情况。经过一番交涉，公司有关负责人遗憾地表示，由于小王和小赵未能完成公司交办的任务，两人不能被最终录用，并且，在一个月期间两人因涉及公司业务发生的部分费用支出要从当初交纳的押金中扣除。没能完成公司交办的业务，固然让小王和小赵感到歉疚，但当初交纳的押金因各种原因被部分扣除，也让小王和小赵感觉难以接受。

初涉职场的大学生对社会的复杂性往往缺乏必要的认识和了解，一些用人单位甚至不法之徒也正是利用了大学生这种急于找到工作但又缺乏必要社会经验和知识的弱点，侵害大学生的就业权益，甚至利用大学生进行违法犯罪活动。大学毕业生的就业权益之所以屡屡受不法侵害，原因主要在于三个方面：①供需双方信息不对称；②相关操作程序不规范，缺乏有效的市场监管；③大学生维权意识匮乏，权益救济机制难以发挥有效作用，而信息渠道不畅通，供需双方信息不对称是最为重要的一个原因。很多招聘单位往往利用信息渠道的不畅通和招聘渠道的种种漏洞制造求职陷阱。常见的求职陷阱有以实习、试用为名，收取各种形式的“风险抵押金”“保证金”；以招聘销售人员、市场营销人员名义招聘上岗工作，跌入非法传销网络；“小广告”及网上欺骗等。

（资料来源：李源，2019. 新编大学生职业发展与就业指导［M］. 北京：现代教育出版社.）

知识与能力

劳动权益意识训练·知识与能力

维护劳动者合法权益既能够保护劳动者合法劳动行为，形成尊重劳动的文化氛围，也有助于企业人力资源的积累，保障企业可持续发展，是我国构建和谐社会、实现中华民族伟大复兴的中国梦不可或缺的重要组成部分。在党的十九大报告中，“更高质量和更充分就业”“人人都有通过辛勤劳动实现自身发展的机会”“构建和谐劳动关系”“鼓励勤劳守法致富”等重要表述无不展现出国家保护劳动权益和着力改善民生的决心。

社会中充斥着各种安全问题，而职场也是一个小社会，所以也存在一些安全问题。这些安全问题有的可以让人直接感受到，有的却是潜藏的。劳动安全无小事，这需要每个人都提高劳动安全意识，在作业场所能够正确辨识职业危害因素，做到自我管理、自我保护，防止职业病侵害，提高避灾自救能力。

一、劳动权益的基本内涵

劳动权益是劳动者享有的权利与利益的简称，指的是劳动者作为人力资源的所有者，在劳动关系中，凭借从事劳动或从事过劳动这一客观存在而获得的应享有的权益，包括平等就业和选择职业的权益、获得劳动报酬的权益、依法休息休假的权益、获得劳动安全卫生保护的权益、获得社会保险和福利的权益、接受职业技能培训的权益，以及法律规定的其他劳动权益等。

二、大学生劳动权益的内容

（一）劳动者的一般权益

（1）平等就业和选择职业的权益。凡是有劳动能力的公民，均应当获得参加社会劳动的权利，并能够不受歧视地自主选择相应的职业。

（2）获得劳动报酬的权益。劳动者在合法履行劳动义务之后，有权获得与其劳动力价值对等的报酬。

（3）依法休息休假的权益。过度劳动或透支式劳动都不利于劳动者身心健康。由于可持续劳动过程会带来负面影响，劳动者应依照法律相关规定，享有休息的权利，包括法定节假日、病假、产假等。

（4）获得劳动安全卫生保护的权益。劳动者在劳动的过程中有权获得安全的工作环境及必要的劳动保护用品，以保障本人的安全和健康的权利，对于一些特殊的工种还应当配备专门的保护设施设备。

（5）获得社会保险和福利的权益。用人单位和劳动者必须依法参加社会保险并缴纳社会保险费，劳动者在满足对应条件时，有获得社会福利的权利。

（6）接受职业技能培训的权益。从事技术工种的劳动者在上岗前必须经过培训，这既是技能提升和工作效率改进的需要，也是保护劳动者身心健康的需要。

（二）择业过程中享有的权益

除了上述作为普通劳动者所享有的一般权益外，大学生这个特殊群体在择业与就业过程中还享有许多权益。

1. 接受就业指导权

接受就业指导权，是指大学毕业生有权从学校、社会、国家获得及时、有效的就业指导与就业信息服务。接受就业指导对大学生来说有重大意义，就业指导工作会直接影响毕业生的就业方向、就业意识、就业技巧等。

《中华人民共和国高等教育法》规定“高等学校应当为毕业生、结业生提供就业指导和服务”。高校除了应将就业指导纳入大学生课程体系外，还应当成立专门的就业服务机构，安排专业人员对毕业生进行就业指导，包括向毕业生宣传国家有关就业的政策方针，对毕业生进行择业技巧的指导，引导毕业生根据国家和社会需要，结合个人实际情况进行择业等，使毕业生通过接受就业指导，能准确定位，并合理择业。由此可以看出，接受就业指导和服务是大学毕业生的一项重要权益。

2. 就业信息知情权

就业信息知情权，是指大学毕业生拥有及时全面地获取各种应该公开的就业信息的权利。从广义上说，就业信息既包括与毕业生求职择业相关的国家有关方针、政策与法规，也包括国家宏观经济发展状况和各个地区与行业的发展情况，还包括用人单位的规模、性质、产品、市场、企业文化、工作环境、学习培训、福利待遇等单位的总体情况，以及专业需求、上岗条件、未来发展前景等工作岗位的具体信息，是毕业生择业、就业的基础。

大学生的就业信息知情权包括三方面含义：一是信息公开，即就业信息对任何毕业生来说都应该是公开透明的，任何团体、组织和个人都不得隐瞒、截留用人信息或者公布虚假用人信息；二是信息及时，也就是毕业生获取的信息必须是及时、有效的，而不能将过时无利用价值的信息传递给毕业生；三是信息全面，毕业生有权获得准确、完整、全面的就业信息，以便对单位、职位情况有更加深入全面的了解，进而根据自己的实际情况，做出恰当的职业选择。

3. 接受就业推荐权

接受就业推荐权，是指高校毕业生拥有被学校如实、公正、及时推荐到用人单位就业的权利。学校的推荐对毕业生的就业有着重大的影响。事实证明，学校的推荐往往在很大程度上影响到用人单位对毕业生的态度。

毕业生享有被推荐权包含以下几方面内容。

第一，如实推荐，即高校在对毕业生进行推荐时，应实事求是，根据毕业生本人的实际情况向用人单位进行介绍、推荐，不能故意贬低或随意捧高该毕业生在校表现的评价。

第二，公正推荐，学校对毕业生进行推荐应做到公平、公正，应给每一位毕业生以就业推荐的机会，不能厚此薄彼。

第三，择优推荐，学校根据毕业生的在校表现，在公正、公开的基础上，还应择优推荐，用人单位在录用毕业生时也应坚持择优标准，真正做到优生优用、人尽其才。

4. 就业选择自主权

就业选择自主权，是指在国家就业方针、政策指导下，高校毕业生有按照自己的意愿选择职业的权利，包括自由选择是否从事职业劳动，从事何种职业劳动，何时从事职业劳动，在哪一类或哪一个用人单位从事职业劳动等权利。毕业生的就业选择自主权，否定了行政安置和强制劳动，充分体现了毕业生在人才市场自主择业的权利。

5. 平等就业权

平等就业权，是指根据国家相关法律法规及政策，高校毕业生在择业过程中享有的平等的权利，不因民族、种族、性别、信仰、身体条件、社会出身等原因，受到就业歧视或被排斥、取消、损害其就业机会。这种平等不仅体现在符合招聘条件的毕业生都可以平等地接受学校推荐，参加单位公开招聘，进行公正、平等竞争，并且要求用人单位在录用毕业生和确定福利待遇时要做到公平、公正、一视同仁。

6. 隐私保护权

隐私保护权，是指毕业生在求职择业过程中，不可避免地要将自己的部分信息提供给用人单位，但是这些信息仅限于与应聘岗位招聘条件密切相关的范围之内。如果不经毕业生同意，任何单位或个人都不得将毕业生的个人信息随意发布和使用，用人单位更无权以招聘考核为名过问毕业生的各种隐私。

（三）就业过程中享有的权益

1. 过渡期保障权

过渡期保障权，是指毕业生在实习期、试用期、见习期所应当享有的保障个人各方面利益的权利。毕业生相对用人单位来说是处于弱势地位的，由于相关法律法规还不很健全，大学生在从学校到职场的过渡期的许多权益往往会受到一些用人单位的侵害。《中华人民共和国劳动合同法》（简称《劳动合同法》）首次规定了试用期期限的设定和试用期工资的最低水平，在一定程度上为劳动者试用期的各种权利提供了保障。

2. 就业签约权

就业签约权，是指毕业生与用人单位达成就业意向后，需要通过签订就业协议或劳动合同，将双方的劳动关系或已经达成的约定，以书面形式落实下来，并对双方的责任、权益进行明确的书面说明。不签订就业协议或劳动合同，或是协议、合同的内容和条款过于笼统甚至违法违规，都是对大学生就业权益的侵犯。法律不允许单位或个人采取欺诈和胁迫的方式要求毕业生签订就业协议和劳动合同。

3. 违约求偿权

违约求偿权，是指大学毕业生在与用人单位签订就业协议后，如果用人单位无故违约或解约，毕业生有权要求用人单位进行相应的赔偿。毕业生就业协议一经签订，毕业生、用人单位、学校三方都应严格履行，任何一方不得擅自毁约。如果用人单位无故要求解约，毕业生有权依照《劳动合同法》要求对方严格履行就业协议，签订劳动合同，否则用人单位应对毕业生承担违约责任，支付违约金。

拓展阅读

常见的劳动争议

1. 工伤

工伤是指企业职工在生产岗位上，从事与生产劳动有关，或由于劳动条件、作业环境所致引起的人身伤害事故和职业病。

工伤构成的三要素：时间（履行工作职责的时间界限之内）、地点（履行工作职责所涉及的区域内）、原因（因履行工作职责而引起）。

工伤责任构成：①职工与企业或雇主之间必须存在劳动关系；②职工必须受到人身损害事实；③职工的损害必须在其履行工作职责的过程中发生；④事故须是职工受到损害的原因。

属于工伤的情形：①在工作时间和工作场所内，因工作原因受到事故伤害的；②工作时间前后在工作场所内，从事与工作有关的预备性或者收尾性工作受到事故伤害的；③在工作时间和工作场所内，因履行工作职责受到暴力等意外伤害的；④患职业病的；⑤因工外出期间，由于工作原因受到伤害或者发生事故下落不明的；⑥在上下班途中，受到非本人主要责任的交通事故或者城市轨道交通、客运轮渡、火车事故伤害的；⑦法律、行政法规规定应当认定为工伤的其他情形。

关于第⑥点的说明，2014年《最高人民法院关于审理工伤保险行政案件若干问题的规定》明确指出：①在合理时间内往返于工作地与住所地、经常居住地、单位宿舍的合理路线的上下班途中；②在合理时间内往返于工作地与配偶、父母、子女居住地的合理路线的上下班途中；③从事属于日常工作生活所需要的活动，且在合理时间和合理路线的上下班途中；④在合理时间内其他合理路线的上下班途中。

2. 解除合同

许多人对当前工作不满意，有跳槽想法时，往往不好意思提出辞职或不知道应提前几天递交书面辞职通知。

《劳动合同法》第三十七条规定，劳动者提前30日以书面形式通知用人单位，可以解除劳动合同。劳动者在试用期内提前3日通知用人单位，可以解除劳动合同。

同样地，如果用人单位想要辞退劳动者，也需要提前30日以书面形式通知劳动者或额外支付劳动者1个月工资。

3. 经济补偿金

出现以下情况时，用人单位应当向劳动者支付赔偿金。

（1）因公司过错（包含违法甚至犯罪等重大过错），劳动者提出解除合同的。

（2）以欺诈、胁迫的手段或者乘人之危，使对方在违背真实意思的情况下订立或者变更劳动合同致使合同无效的。

（3）用人单位单方面动议辞退劳动者，并协商一致解除合同的。

（4）用人单位提前30日通知劳动者解除合同的。

（5）企业大裁员情况。

（6）用人单位破产或注销（或吊销等）的。

用人单位有下列情形之一的，由劳动行政部门责令限期支付劳动报酬、加班费或者经济补偿；劳动报酬低于当地最低工资标准的，应当支付其差额部分；逾期不支付的，责令用人单位按应付金额50%以上100%以下的标准向劳动者加付赔偿金。

（1）未按照劳动合同的约定或者国家规定及时足额支付劳动者劳动报酬的。

（2）低于当地最低工资标准支付劳动者工资的。

（3）安排加班不支付加班费的。

（4）解除或者终止劳动合同，未依照本法规定向劳动者支付经济补偿的。

经济补偿金按劳动者在本单位工作的年限，每满一年支付1个月工资的标准向劳动者支付。6个月以上不满1年的，按1年计算；不满6个月的，向劳动者支付半个月工资的经济补偿。

4. 违约金

1）服务期违约

用人单位为劳动者提供专项培训费用，对其进行专业技术培训的，可以与该劳动者订立协议，约定服务期。劳动者违反服务期约定的，应当按照约定向用人单位支付违约金。违约金的数额不得超过用人单位提供的培训费用。用人单位要求劳动者支付的违约金不得超过服务期尚未履行部分所应分摊的培训费用。

2）保密或竞业限制违约

用人单位与劳动者可以在劳动合同中约定保守用人单位的商业秘密和与知识产权相关的保密事项。对负有保密义务的劳动者，用人单位可以在劳动合同或者保密协议中与劳动者约定竞业限制条款，并约定在解除或者终止劳动合同后，在竞业限制期限内按月给予劳动者经济补偿。劳动者违反竞业限制约定的，应当按照约定向用人单位支付违约金。

除上述两种情况外，用人单位不得与劳动者约定由劳动者承担违约金。

5. 赔偿金

赔偿金，是指用人单位或者劳动者违反法律规定或劳动合同的约定给对方造成损失时，向对方承担的给付一定数额金钱的民事法律责任形式。赔偿金分为法定赔偿金和损害赔偿金。法定赔偿金参见经济补偿金的情形。损害赔偿金的情形大致有以下几种情况：①规章制度违法；②缺乏必要条款或未交付劳动合同文本；③扣押证件、要求担保、收取财物；④解除或终止后违法扣押档案等；⑤用人单位原因致合同无效；⑥严重违法用工；⑦未及时提供解除或终止证明；⑧不具备合法经营资格。

（资料来源：赵鑫全，张勇，2020. 新时代大学生劳动教育［M］. 北京：机械工业出版社.）

三、维护自我就业的权益

（一）增强自我保护意识

1. 法律意识

市场化的就业体制是通过市场这个无形的手进行调节来实现人力资源合理的配置的。市场经济是法制经济，大学毕业生就业也受到法律体系的保护。因此，大学毕业生必须了解与就业相关的法律法规、政策制度，了解劳动用工的相关规定，并且在学习这些法律、政策、规定的过程中，逐步提高法律意识，学会使用法律武器维护自身权益。

2. 契约意识

契约意识包括两个方面的内容：一是通过就业协议来保护自己合法权益的意识；二是必须严格遵守就业协议的意识。大学毕业生与用人单位签订的协议是一种合同，是确立双方当事人之间劳动关系的一种契约，具有法律效力。因此，大学毕业生要谨慎签约、积极履约。协议一旦订立，双方都必须遵守，任何一方未经对方同意都不得擅自毁约、违约等，否则将受到法律制裁。

3. 维权意识

由于大学生就业市场发育还不够成熟，法律制度尚不健全，损害大学生合法权益的现象时有发生。强烈的维权意识，在碰到问题时能够拿起法律的武器积极保障权利，是大学毕业生走上自我权益保护的实质性的一步，是由观念转化成行动的重要环节。大学毕业生只有在掌握法律政策、养成良好的法律意识和积极的维权意识，才能够平等地与用人单位进行对话，据理力争，保障自己的权益免遭侵害。

4. 证据意识

大学毕业生在求职就业过程中，应树立证据意识。一是收集证据的意识，在求职时要有意识地要求用人单位出示或提供相关资料，如要求用人单位出示营业执照、要求对方出示表明身份的证件等；二是保存证据的意识，要注意保存现有的证据，以便将来在仲裁法庭或进行诉讼时维护权益，如招聘海报、往来传真、邮件等；三是运用证据的意识，要有用证据证明事实的意识，知道什么样的事实需要什么样的证据，要明确举证责任是在对方还是己方。

5. 诚信意识

大学毕业生诚信意识的培养和权益的自我保护主要包括两个方面：一是大学毕业生在求职过程中必须如实向用人单位介绍自己的情况，要实事求是，如果故意隐瞒自身情况、欺骗用人单位，可能导致就业协议无效，由此将会承担缔约过失责任；二是要能够意识到用人单位是否诚信。目前大学毕业生就业形势严峻，使得毕业生不敢向用人单位问太多的问题、提更多的要求，而往往认为单位说的都是对的，单位要求的就应该去做，不知不觉中自己的权益已经遭受侵犯或侵害。

维护自身合法权益

2019年2月25日，杭州某大学四年级学生小王，与A企签订了实习协议，协议中约定实习工资为每月3000元，并按月发放；并约定实习期限至2019年6月30日，若小王单方面提前解除，需付1个月工资作为违约金；若小王在实习期结束前，能取得毕业证和学位证，可以提前签订劳动合同。当小王问起“五险一金”时，A企人事部这样解释：只有签订劳动合同，成为正式员工后，才能办理社会保险，但是实习期间，公司会向保险公司购买人身保险，出了事故可向保险公司理赔。

入职后，小王发现自己3月份的实习工资在4月25日才到账，虽然足额发放，但未免太迟了些，影响自己的日常生活开支，也影响了工作积极性。小王问了公司同事，得到的回复说，公司一直都是次月下旬才发工资，基本都是25日左右。

2019年6月15日，小王如期取得双证，并与A企签订劳动合同，期限为2年，试用期为3个月，试用期工资为3500元，转正后工资为5000元。8月，小王发现公司并未给自己缴纳社会保险，于是向人事部询问，得到的回复是：现在是试用期，在考察中，如果表现良好，转正后可以补缴试用期的“五险一金”。同年9月10日，A企以小王不胜任岗位为由，书面提出辞退小王，于9月14日前交接工作，并完成离职手续。

小王郁闷不已，心想自己实习期也过了，公司肯定是满意自己的工作，而现在突然辞退，也不方便立马找下一份工作，觉得公司做法不妥，随后积极联系当地人力资源和社会保障局，在其帮助下，维护了自己的合法权益。

（资料来源：王官成，徐飙，2020．劳动教育与职业素养训练［M］．北京：中国人民大学出版社．）

（二）熟悉相关法律法规

1．熟练掌握《中华人民共和国就业促进法》（简称《就业促进法》）中与就业权益保护相关的内容

《就业促进法》中与平等相关的规定有：第二十五条规定，各级人民政府创造公平就业的环境，消除就业歧视，制定政策并采取措施对就业困难人员给予扶持和援助；第二十六条规定，用人单位招用人员、职业中介机构从事职业中介活动，应当向劳动者提供平等的就业机会和公平的就业条件，不得实施就业歧视；第二十七条规定，国家保障妇女享有与男子平等的劳动权利，用人单位录用女职工，不得在劳动合同中规定限制女职工结婚、生育的内容；第二十八条规定，各民族劳动者享有平等的劳动权利；第二十九条规定，国家保障残疾人的劳动权利，各级人民政府应当对残疾人就业统筹规划，为残疾人创造就业条件，用人单位招用人员，不得歧视残疾人；第三十条规定，用人单位招用人员，不得以是传染病病原携带者为由拒绝录用（经医学鉴定传染病病原携带者在治愈前或者排除传染嫌疑前，不得从事法律、行政法规和国务院卫生行政部门规定禁止从事的易使传染病扩散的工作）。当前，我国的就业歧视现象依然屡见不鲜，每个大学毕业生都应当了解这些法律法规，在择业就业过程中，用这些法律法规来维护自己平等就业的权利。

2．熟练掌握《中华人民共和国民法典》（简称《民法典》）中与就业权益保护相关的内容

大学毕业生要了解《民法典》中关于主体平等、自愿和诚实信用等原则。在就业市场上，大学毕业生与用人单位在法律地位上是平等的。在与用人单位签订就业协议和劳动合同时，大学毕业生要不卑不亢，以平等的身份与之协商，并最终达成双赢的协议或合同。另外，大学毕业生在就业的过程中也要遵守诚信原则，在简历中要实事求是地写明自己的情况。同时，大学毕业生也要注意考察用人单位的诚信状况，调查其是否有事先承诺优厚待遇，而事后不予兑现的现象，以免签约后权益受侵害。

大学毕业生要熟悉《民法典》中关于用人单位主体资格的法律法规。签约前一定要行使自己的知情权，详细了解用人单位的情况，一般包括单位的规模、效益、管理制度及隶属单位，是否有人事接收权等。近年来，一些非法的传销组织开始盯上涉世未深的大学毕业生，为此一定要调查了解用人单位的主体资格。一般有合法主体资格、有信誉的单位会配合大学毕业生对其的调查了解；反之，那些答应得痛快，工作条件诱人，却对大学毕业生正当咨询、调查百般敷衍、拖延的单位，大学毕业生就要提高警惕。

3．熟练掌握《中华人民共和国劳动法》（简称《劳动法》）和《劳动合同法》中与就业权益保护相关的内容

《劳动法》规定：劳动者享有平等就业和选择职业的权利、取得劳动报酬的权利、休

息休假的权利、获得劳动安全卫生保护的权利、接受职业技能培训的权利、享受社会保险和福利的权利、提请劳动争议处理的权利以及法律规定的其他劳动权利。

《劳动合同法》在以下几个方面的规定与大学毕业生就业权益密切相关。

第一,《劳动合同法》在劳动关系确立的标准上做出了规定：第七条、第十条明确规定用人单位自用工之日起即与劳动者建立劳动关系，建立劳动关系应当订立书面劳动合同。这些规定告诉我们，判断劳动关系是否确立的标准就是看是否发生了用工行为，也就是说，无论书面劳动合同签订与否，只要存在实际的用工行为，那么劳动者与用人单位之间的劳动关系就算是建立了，劳动者就能享有与已签订劳动合同者相同的权益。

第二,《劳动合同法》对在试用期和合同期限方面做出了具体规定：劳动合同期限 3 个月以上不满 1 年的，试用期不得超过 1 个月；劳动合同期限 1 年以上不满 3 年的，试用期不得超过 2 个月；3 年以上固定期限和无固定期限的劳动合同，试用期不得超过 6 个月；以完成一定工作任务为期限的劳动合同，或者劳动合同期限不满 3 个月的，不得约定试用期；同一用人单位与同一毕业生只能约定一次试用期；试用期是包含在劳动合同期限内的，若劳动合同仅约定试用期，该试用期不成立。同时，规定劳动者在试用期的工资不得低于该单位同岗位最低档工资标准或劳动合同约定工资的 80%，并不得低于该用人单位所在地的最低工资标准。

第三,《劳动合同法》进一步强化了劳动者的知情权。《劳动合同法》第八条规定了用人单位招用劳动者时，应当如实告知劳动者工作内容、工作条件、工作地点、职业危害、安全生产状况、劳动报酬，以及劳动者要求了解的其他情况；用人单位有权了解劳动者与劳动合同直接相关的基本情况，劳动者应当如实说明。因此，大学毕业生在与用人单位签订就业协议和劳动合同时，应大胆向用人单位询问与自己权益相关的问题，如工作时间、休息休假、福利等。

第四,《劳动合同法》为大学毕业生的自主择业权的行使提供了保障。《劳动合同法》第九条规定了用人单位招聘劳动者，不得扣押劳动者的居民身份证和其他证件，不得要求劳动者提供担保或者以其他名义向劳动者收取财物；第八十四条规定扣押劳动者居民身份证等证件的，由劳动行政部门责令限期退还劳动者本人，并依照有关法律规定给予处罚；用人单位以担保或者其他名义向劳动者收取财物的，由劳动行政部门责令限期退还劳动者本人，并以每人 500 元以上 2000 元以下的标准处以罚款；给劳动者造成损害的，用人单位应当承担赔偿责任。因此，大学毕业生在依法解除或者终止劳动合同时，如果用人单位要扣押劳动者档案或者其他物品，大学毕业生可以寻求法律的帮助，对用人单位予以处罚。

第五,《劳动合同法》为保障大学毕业生及时足额获得劳动报酬做出了具体规定。《劳动合同法》不仅明确了用人单位应当按照劳动合同约定和国家规定，向劳动者及时足额支付劳动报酬，并且规定了用人单位拖欠或者未足额支付劳动报酬的，劳动者可以依法向当地人民法院申请支付令，人民法院应当依法发出支付令。此外，还规定了未按照劳动合同的约定或者国家规定及时足额支付劳动者劳动报酬的，由劳动行政部门责令用人单位按应付金额 50% 以上 100% 以下的标准向劳动者加付赔偿金。

4. 熟练掌握《中华人民共和国劳动争议调解仲裁法》（简称《劳动争议调解仲裁法》）中与就业权益保护相关的内容

第一，应注意《劳动争议调解仲裁法》在仲裁前置方面有所改进。此法在保留劳动争议仲裁前置程序的前提下，规定部分劳动争议实行有条件的“一裁终局”；除这些劳动争议之外，劳动者对仲裁不服的，可以自收到仲裁裁决书之日起15日内向人民法院提起诉讼。也就是说，大学毕业生如果对“一裁终局”不满的话，仍具有寻求诉讼的权利。

第二，应注意《劳动争议调解仲裁法》对劳动争议申请仲裁的时效进行了改动。劳动争议申请仲裁的时效期限为1年，从当事人知道或者应当知道其权利被侵害之日起计算；劳动关系存续期间因拖欠劳动报酬发生争议的，劳动者申请仲裁不受1年仲裁时效的限制，但是，劳动关系终止的，申请仲裁应当自劳动关系终止之日起1年内提出。

第三，应注意《劳动争议调解仲裁法》在强化劳动监察部门作用方面的规定，用人单位违反国家规定，拖欠或未足额支付劳动报酬，或者拖欠工伤医疗费、经济补偿或赔偿金的，劳动者可以向劳动行政部门投诉，劳动行政部门应当依法处理。因此，当大学毕业生遇到用人单位违反以上规定的情况时，一定要及时向劳动行政部门投诉，以便能够及时得到帮助。

第四，要利用举证责任倒置进行维权。《劳动争议调解仲裁法》规定，发生劳动争议，当事人对自己提出的主张，有责任提供证据；劳动者无法提供由用人单位掌握管理的与仲裁请求有关的证据，仲裁庭可以要求用人单位在指定期限内提供，用人单位在指定期限内不提供的，应当自行承担后果。大学毕业生以后要注意分清哪些举证责任是自己的，哪些是用人单位的，以便发生争议时有效地维护自己的合法权益。

（三）熟悉维权求助的途径

大学毕业生在自身权益遭受侵犯时，寻求救助和维权途径有以下几种。

1. 与用人单位协商

对于用人单位一般的违规行为或争议不大的问题，大学毕业生可与用人单位自行协商，通过达成新的协议，或者有过错的一方改正错误来消除争议。

大学毕业生在遇到劳动合同纠纷问题时，还可以向学校的就业指导中心或相关部门寻求帮助，学校是大学毕业生维权强有力的后盾。尤其是对于学校推荐就业的用人单位，大学毕业生在与用人单位发生纠纷需要协商时，可以请求学校出面调解，因为学校与用人单位通常有较为密切的往来关系，如果由学校出面与用人单位沟通，更有助于矛盾双方解决纠纷。

2. 向劳动监察部门举报投诉

《劳动法》规定：“县级以上各级人民政府劳动行政部门依法对用人单位遵守劳动法律、法规的情况进行监督检查，对违反劳动法律、法规的行为有权制止，并责令改正。”还规定：“任何组织和个人对于违反劳动法律、法规的行为有权检举和控告。”据此，劳动者发现自己的劳动权益受到侵害时，应及时向单位所在区县的劳动保障监察部门举报。

因此，大学毕业生如发现所在单位有侵害劳动者权益的违法现象，可以向单位所在地的劳动保障监察部门举报，要求他们进行检查或处罚，维护自己的合法权益。

3. 劳动争议仲裁

如果无法通过与单位的协商来解决自己所遇到的问题，大学毕业生可以向单位所在地劳动争议仲裁委员会要求仲裁。仲裁是处理争议的必经程序。大学毕业生申请仲裁，应自争议发生之日起 60 日内向劳动争议仲裁委员会提出书面申请。劳动争议仲裁委员会受理的劳动争议范围包括：因企业开除、除名、辞退职工和职工辞职、自动离职发生的争议；因执行国家有关工资、保险、福利、培训、劳动保护规定发生的争议；因履行劳动合同发生的争议；因法律、法规规定的其他劳动争议等。

4. 劳动诉讼

争议当事人对仲裁裁决不服的，可在收到仲裁裁决书之日起 15 日内向人民法院起诉。但需注意，未经劳动争议仲裁委员会仲裁的劳动争议案件，法院不予受理。

5. 信访

大学毕业生在权益受到侵害时，还可以通过信访的方式，向各级工会、妇联及政府信访部门反映，利用这些组织维护自己的合法权益。

6. 借助新闻媒体

新闻媒体可以发挥很好的舆论监督作用。大学毕业生可以通过媒体对各种不公正现象进行曝光、报道的方式，引起相关部门对这些现象的重视，从而促使这些问题的有效解决。大学毕业生在遇到就业权益被侵犯时，如果采取相关措施仍然无法很好地解决，可以向报纸、电视等新闻媒体反映，借助舆论力量解决问题。

如果大学毕业生在实际就业中遇到劳动保障方面的问题，还可以及时拨打全国统一的劳动保障公益服务专用电话——“12333”，咨询劳动保障的政策，获取有关的信息，更好地维护自己的合法权益。

活动与训练

身边的求职陷阱

劳动权益意识

训练 · 活动与训练

【目标】

了解身边的求职陷阱。

【任务】

搜集身边的求职陷阱信息，并模拟表演。

【准备】

地点：无场地要求。

材料和工具：无。

【行动】

（1）学生自由分组，结合所学内容，搜集相关信息。

（2）将求职陷阱分类，找一个最感兴趣的求职陷阱类型，模拟表演出来。

（3）根据各小组表演的内容，进行讨论和评价。

【评价】

要求：任务评价的内容要围绕本主题，对事不对人，用词要积极向上，不能进行人身攻击。填写表 6-1“身边的求职陷阱”活动评价表。

表 6-1 “身边的求职陷阱”活动评价表

评价内容	个人评价	同学互评	教师评价
求职陷阱信息是否全面			
对求职陷阱的理解是否贴合实际			
表演状态			

活动与思考

1. 你知道有哪些侵犯大学毕业生劳动权益的案例？如果你的合法权益受到侵犯，应该如何保护自己？

2. 以下有关劳动权益的条款，哪些是正确的？哪些是错误的？正确的在括号内画√，错误的在括号内画 ×。

（1）劳动者与用人单位已建立劳动关系，未同时订立书面劳动合同的，应当自用工之日起一个月内订立书面劳动合同。（ ）

（2）劳动合同类型可分为：有固定期限劳动合同，无固定期限劳动合同，以完成一定工作任务为期限的劳动合同。（ ）

（3）用人单位自用工之日起满一个月不与劳动者订立书面劳动合同的，视为用人单位与劳动者已订立无固定期限劳动合同。（ ）

（4）用人单位违反《劳动合同法》规定不与劳动者订立无固定期限劳动合同的，自应当订立无固定期限劳动合同之日起向劳动者每月支付 2 倍的工资。（ ）

（5）在法定休假日劳动的，按照不低于工资的 300% 支付加班工资。（ ）

（6）用人单位与劳动者协商一致，变更劳动合同约定的内容可以采取口头形式。（ ）

（7）劳务派遣单位和用工单位可以向被派遣劳动者收取一定的费用。（ ）

（8）用人单位招用与其他单位尚未解除或者终止劳动合同的劳动者，给其他用人单位造成损失的，应当承担连带赔偿责任。（ ）

（9）劳动者对工资支付承担举证责任。（ ）

（10）用人单位应当按时缴纳工伤保险费，职工个人不缴纳工伤保险费。（ ）

[参考答案：（1）√；（2）√；（3）×；（4）√；（5）√；（6）×；（7）×；（8）√；（9）×；（10）√]

3. 劳动实践项目：大学生劳动权益宣讲。

任务二 劳动安全意识训练

案例与故事

张某的悲剧

2015 年 3 月 24 日，深圳 36 岁的某通信公司员工张某被发现猝死在公司租住的酒店中，这件事在互联网上引起了广泛关注。张某的法医学死亡证明书显示，张某符合猝死特征，而当日凌晨 1 点他还发出了最后一封工作邮件。事发前一天，他曾对妈妈说，“我太累了。”张某在通信公司负责一个项目的软件开发。张某的妻子闫女士说，他经常加班到凌晨，有时甚至到早上五六点钟，第二天上午又接着照常上班，闫女士认为，张某猝死与长时间连续加班有关，“他为了这个项目，把自己活活累死了”。考勤显示他连续 5 天凌晨打卡。

分析：现代社会由于生活、工作压力越来越大，人们的精神常常处于高度紧张、焦虑、恐惧等压抑状态。人们在进行脑力劳动时，脑组织需要消耗氧气和葡萄糖，并且脑的代谢较其他器官要高，尤其是紧张的脑力劳动，其消耗会更高，进而出现缺氧和缺血，使心率加快、血压升高、脑部充血，严重者会诱发心脑血管疾病，甚至造成猝死。

劳动保护是国家和组织为保护劳动者在劳动生产过程中的安全和健康所采取的立法、组织和技术措施的总称。劳动保护旨在消除危及人身安全健康的不良条件和行为，防止事故和职业病，保护劳动者在劳动过程中的安全与健康，其内容主要包括劳动安全、劳动卫生、女工保护、未成年工保护、工作时间和休假制度。

（资料来源：王官成，徐飙，2020. 劳动教育与职业素养训练［M］. 北京：中国人民大学出版社.）

劳动安全意识训练 · 知识与能力

一、规避劳动禁忌

（一）体力劳动禁忌

1. 长期保持一定姿势

在工作时长期保持一定姿势，会导致个别身体器官或生物系统过度紧张而引起疾患。例如，长期从事站姿作业或坐姿作业，特别是站立负重作业，容易导致腰肌劳损，长期站立或行走作业，容易导致下肢静脉曲张；长期从事手指、手掌快速运动或前臂用力的工作，容易引发腱鞘炎；长期从事程序设计、精密仪器加工、焊接等工作，容易造成视觉疲劳、视力下降等。

2. 不良劳动环境条件

高温、寒冷、潮湿、光线不足、空间狭窄等劳动环境，会增加劳动者的劳动负荷、提高劳动强度，容易产生疲劳和造成损伤。

3. 劳动组织和劳动制度安排不合理

劳动时间过长，劳动强度过大，休息时间不够，轮班制度不合理等，也容易形成过度疲劳，造成劳动者身体损伤。

4. 劳动者身体素质不强

劳动者身体状况不适应所安排的劳动的强度，容易造成劳动者身体损伤。

拓展阅读

体力劳动的等级划分

体力劳动强度分级是我国制定的劳动保护工作科学管理的一项基础标准，是确定体力劳动强度大小的证据。应用这一标准，可以明确工人体力劳动强度的重点工种或工序，以便有重点、有计划地减轻工人的体力劳动强度，提高劳动生产率，详见表6-2。

表6-2 体力劳动强度分级表

强度等级	劳动强度指数（n）	工种（工序）举例
Ⅰ（轻劳动）	$n\leqslant15$	坐姿：手工作业或腿的轻度活动（正常情况下，如打字、缝纫、脚踏开关等） 立姿：操作仪器，控制、查看设备，上臂用力为主的装配工作
Ⅱ（中等劳动）	$15<n\leqslant20$	手和臂持续动作（如锯木头）；臂和腿的工作（如卡车、拖拉机或建筑设备等运输操作）；臂和躯干的工作（如锻造、风动工具操作、粉刷、间断搬运中等重物、除草、锄田、摘水果和蔬菜等）
Ⅲ（重劳动）	$20<n\leqslant25$	臂和躯干负荷工作（如搬重物、铲、锤锻、锯刨或凿硬木、割草、挖掘等）
Ⅳ（极重劳动）	$n>25$	大强度的挖掘、搬运

（资料来源：刘英武，邓鲜艳，2020. 大学生劳动素养教育［M］. 长沙：湖南大学出版社.）

（二）脑力劳动禁忌

过度脑力劳动会产生疲劳感，这种疲劳感表现为对工作的抵触。疲劳信号告诉我们身体需要休息了，需要进行调整和恢复，应该停止工作。如果继续强迫大脑工作，则会进一步加重心理疲劳，造成脑细胞的损伤，或使脑功能发生障碍。在一般情况下，过度脑力劳动会对人体的身心健康造成较大的危害，主要包括以下两个方面。

1. 生理健康失常

长期过度脑力劳动，会使大脑缺血、缺氧、神经衰弱，从而导致注意力不集中，记忆力下降，思维欠敏捷，反应迟钝；睡眠规律不正常，白天瞌睡，大脑昏昏沉沉，夜晚卧床后大脑却兴奋起来，难以入眠，醒后大脑疲劳不缓解，精神不振。

2. 心理健康失常

由于上述生理功能的失衡，会造成心理活动失衡，出现忧虑、紧张、抑郁、烦躁，消极、敏感、多疑、易怒、自卑、自责等不良情绪，表面上强打精神，内心充满困惑、痛苦，继而对工作、学习丧失兴趣，产生厌倦感，甚至产生轻生的念头。

（三）女职工劳动禁忌

1. 国家禁止安排女职工从事的劳动

（1）矿山井下作业。

（2）体力劳动强度分级标准中规定的Ⅴ级体力劳动强度的作业。

（3）每小时负重 6 次以上，每次负重超过 20 千克的作业，或间断负重、每次负重超过 25 千克的作业。

（4）女职工在月经、怀孕、哺乳期间禁忌从事的其他劳动。

2. 女职工在月经期间实行特殊保护

女职工在月经期间，所在单位不得安排其从事高处、低温和冷水作业及国家规定的Ⅲ级体力劳动强度的劳动；从事以上工作的女职工在月经期间应尽可能调整其从事适宜的工作，如不能调整时，根据工作和身体情况，给予经期假 1～2 天，不影响考勤。

3. 已婚待孕女职工禁忌从事的劳动

已婚待孕女职工禁忌从事铅、汞、苯、镉等作业场所属于《有毒作业分级》标准Ⅲ、Ⅳ级的作业。

4. 怀孕女职工特殊的劳动保护

女职工怀孕期间，所在单位不得安排从事国家规定的Ⅲ级体力劳动强度和孕妇禁忌从事的劳动，不得在正常劳动日以外延长劳动时间；对不能承受原劳动的，应根据医务部门证明，予以减轻劳动量或安排其他劳动。工程部门从事野外勘测工作及施工一线的女职工，应安排适当工作。

5. 怀孕女职工禁忌从事的劳动

（1）作业场所空气中铅及其化合物、汞及其化合物、苯、镉、铍、砷、氰化物、氮氧化物、一氧化碳、二硫化碳、氯、己内酰胺、氯丁二烯、氯乙烯、环氧乙烷、苯胺、甲醛等有毒物质浓度超过国家职业卫生标准的作业。

（2）从事抗癌药物、己烯雌酚生产，接触麻醉剂气体等的作业。

（3）非密封源放射性物质的操作，核事故与放射事故的应急处置。

（4）高处作业分级标准中规定的高处作业。

（5）冷水作业分级标准中规定的冷水作业。

（6）低温作业分级标准中规定的低温作业。

（7）高温作业分级标准中规定的第三级、第四级的作业。

（8）噪声作业分级标准中规定的第三级、第四级的作业。

（9）体力劳动强度分级标准中规定的Ⅲ级、Ⅳ级体力劳动强度的作业。

（10）在密闭空间、高压室作业或者潜水作业，伴有强烈振动的作业，或者需要频繁弯腰、攀高、下蹲的作业。

二、预防职业病

（一）职业病及其危害因素的分类

职业病，是指企业、事业单位和个体经济组织等用人单位的劳动者在职业活动中，因接触粉尘、放射性物质和其他有毒有害物质等因素引起的疾病。

职业病的危害因素是指在生产过程中、劳动过程中、作业环境中存在的危害劳动者健康，可能导致职业病的各种因素。

1. 职业病的危害因素的分类

生产现场的作业人员，在日常的生产作业过程中，可能会接触到各种各样的职业病危害因素。这些职业病危害因素按其来源可以分为3类，见表6-3。

表6-3 职业病危害因素分类

职业病危害因素分类		具体内容
生产过程中接触的危害因素	化学因素	有毒物质，如铅、汞、锰、镉、碳等金属或非金属 刺激性气体，如氨、氯、二氧化硫、二氧化氮、光气等 窒息性毒物，如一氧化碳、硫化氢、二氧化碳、氰化物等 有机溶剂，如醇类、酯类、氯烃、芳香烃等 高分子化合物及农药等 生产性粉尘，如二氧化硅粉尘、石棉尘、煤尘、毛、羽、丝等
	生物因素	细菌、寄生虫或病毒，如病原微生物、炭疽杆菌、布氏杆菌等 医务人员接触含有病原微生物的病人体液，有可能受到感染 致害动物，如接触带病菌的狗、猫等 致害植物，如有毒的花草、致敏的花粉等
	物理因素	异常气象条件，如高温、高湿和低温等 异常气压，如高气压、低气压等 噪声、振动、超声波等 非电离辐射，如紫外线、红外线、射频、微波、激光等 电离辐射，如X射线、γ射线等
劳动过程中接触的危害因素	制度不合理	劳动时间过长、工休制度不健全或不合理等
	精神过度紧张	在生产流水线上的装配作业人员精神过度紧张等
	劳动强度大或不合理	超负荷加班加点、安排的作业与劳动者生理状况不适应等
	个别身体器官或系统过度紧张	由于光线不足而引起的视力紧张等
	工具设备不合理	长时间使用不合理的工具、设备等
作业环境中的危害因素	自然环境中的因素	炎热季节的太阳辐射、寒冷季节的低温等
	生产场所设计不合理	厂房矮小、狭窄，车间布置不合理
	生产过程不合理或管理不当	没有通风换气、照明设置或净化烟尘、污水的设施等
	缺少必要的卫生条件	环境污染，作业环境的卫生条件不符合国家卫生标准
	设施安全用品配置有缺陷	不配备应有的安全用品、使用已淘汰的安全用品等

2. 常见职业病的分类

根据《中华人民共和国职业病防治法》（简称《职业病防治法》）的规定，2013年

12月，国家卫生计划生育委员会，人力资源和社会保障部、安全监管总局、全国总工会四部门联合印发《职业病分类和目录》。该《职业病分类和目录》将职业病分为10大类132种，见表6-4。

表6-4 职业病分类

职业病分类	职业病种类
职业性尘肺病及其他呼吸系统疾病	尘肺病 1. 硅肺；2. 煤工尘肺；3. 石墨肺；4. 碳黑尘肺；5. 石棉肺；6. 滑石尘肺；7. 水泥尘肺；8. 云母尘肺；9. 陶工尘肺；10. 铝尘肺；11. 电焊工尘肺；12. 铸工尘肺；13. 根据《尘肺病诊断标准》和《尘肺病理诊断标准》可以诊断的其他尘肺 其他呼吸系统斑病 1. 过敏性肺炎；2 棉尘病；3. 哮喘；4. 金属及其化合物粉尘肺沉着病（锡、铁、锑、钡及其化合物等）；5. 刺激性化学物所致慢性阻塞性肺疾病；6. 硬金属肺病
职业性皮肤病	1. 接触性皮炎；2. 光接触性皮炎；3. 电光性皮炎；4. 黑变病；5. 痤疮；6. 溃疡；7. 化学性皮肤灼伤；8. 白斑；9. 根据《职业性皮肤病诊断标准总则》可以诊断的其他职业性皮肤病
职业性眼病	1. 化学性眼部灼伤；2. 电光性眼炎；3. 白内障（含放射性白内障、三硝基甲苯白内障）
职业性耳鼻喉口腔疾病	1. 噪声聋；2. 铬鼻病；3. 牙酸蚀病；4 爆震聋
职业性化学中毒	1. 铅及其化合物中毒（不包括四乙基铅）；2. 汞及其化合物中毒；3. 锰及其化合物中毒；4. 镉及其化合物中毒；5. 铍病；6. 铊及其化合物中毒；7. 钡及其化合物中毒；8. 钒及其化合物中毒；9. 磷及其化合物中毒；10. 砷及其化合物中毒；11. 铀及其化合物中毒；12. 砷化氢中毒；13. 氯气中毒；14. 二氧化硫中毒；15. 光气中毒；16. 氨中毒；17. 偏二甲基肼中毒；18. 氮氧化合物中毒；19. 一氧化碳中毒；20. 二硫化碳中毒；21. 硫化氢中毒；22. 磷化氢、磷化锌、磷化铝中毒；23. 氟及其无机化合物中毒；24. 氰及腈类化合物中毒；25. 四乙基铅中毒；26. 有机锡中毒；27. 羰基镍中毒；28. 苯中毒；29. 甲苯中毒；30. 二甲苯中毒；31. 正己烷中毒；32. 汽油中毒；33. 一甲胺中毒；34. 有机氟聚合物单体及其热裂解物中毒；35. 二氯乙烷中毒；36. 四氯化碳中毒；37. 氯乙烯中毒；38. 三氯乙烯中毒；39. 氯丙烯中毒；40. 氯丁二烯中毒；41. 苯的氨基及硝基化合物（不包括三硝基甲苯）中毒；42. 三硝基甲苯中毒；43. 甲醇中毒；44. 酚中毒；45. 五氯酚（钠）中毒；46. 甲醛中毒；47. 硫酸二甲酯中毒；48. 丙烯酰胺中毒；49. 二甲基甲酰胺中毒；50. 有机磷中毒；51. 氨基甲酸酯类中毒；52. 杀虫脒中毒；53. 溴甲烷中毒；54. 拟除虫菊酯类中毒；55. 铟及其化合物中毒；56. 溴丙烷中毒；57. 碘甲烷中毒；58. 氯乙酸中毒；59. 环氧乙烷中毒；60. 上述条目未提及的与职业有害因素接触之间存在直接因果联系的其他化学中毒
物理因素所致职业病	1. 中暑；2. 减压病；3. 高原病；4. 航空病；5. 手臂振动病；6. 激光所致眼（角膜、晶状体、视网膜）损伤；7. 冻伤
职业性放射性疾病	1. 外照射急性放射病；2. 外照射亚急性放射病；3. 外照射慢性放射病；4. 内照射放射病；5. 放射性皮肤疾病；6. 放射性肿瘤（含矿工高氡暴露所致肺癌）；7. 放射性骨损伤；8. 放射性甲状腺疾病；9. 放射性性腺疾病；10. 放射复合伤；11. 根据《职业性放射性疾病诊断标准（总则）》可以诊断的其他放射性损伤
职业性传染病	1. 炭疽；2. 森林脑炎；3. 布鲁氏菌病；4. 艾滋病（限于医疗卫生人员及人民警察）；5. 莱姆病
职业性肿瘤	1. 石棉所致肺癌、间皮瘤；2. 联苯胺所致膀胱癌；3. 苯所致白血病；4. 氯甲醚、双氯甲醚所致肺癌；5. 砷及其化合物所致肺癌、皮肤癌；6. 氯乙烯所致肝血管肉瘤；7. 焦炉逸散物所致肺癌；8. 六价铬化合物所致肺癌；9. 毛沸石所致肺癌、胸膜间皮瘤；10. 煤焦油、煤焦油沥青、石油沥青所致皮肤癌；11. β-萘胺所致膀胱癌
其他职业病	1. 金属烟热；2. 滑囊炎（限于井下工人）；3. 股静脉血栓综合征、股动脉闭塞症或淋巴管闭塞症（限于刮研作业人员）

（二）职业病的预防

1. 毒物防护

职业中毒的病因是生产性毒物，故预防职业中毒必须采取综合治理措施，从根本上消除、控制或尽可能减少毒物对职工的侵害。应遵循“三级预防”原则，倡导并推行“清洁生产”，重点做好“前期预防”。具体控制措施可概括为以下几个方面。

1）根除毒物

从生产工艺流程中消除有毒物质，可用无毒或低毒代替有毒或高毒物质。例如用硅整流器代替汞整流器，用无汞仪表代替含汞仪表；使用二甲苯代替苯作为溶剂或稀释剂等。但替代物不能影响产品质量，并需经毒理学评价，其实际危害性较小方可应用。因工艺要求必须使用高毒原料时，应强化局部密闭和（或）通风排毒并经净化处理等措施，施行特殊管理。

2）降低毒物浓度

减少人体接触毒物浓度，以保证不对接触者产生明显健康危害是预防职业中毒的关键。其中心环节是加强技术革新和通风排毒措施，将环境空气中毒物浓度控制在国家职业卫生标准以内。

3）技术革新

对生产有毒物质的作业，原则上应尽可能密闭生产，消除毒物逸散的条件。应用先进的技术和工艺，尽可能采取遥控或程序控制，最大程度地减少操作者接触毒物的机会。例如，手工电焊改为自动电焊；蓄电池生产中，干式铅粉灌注改为灌注铅膏等。

4）通风排毒

在有毒物质生产过程中，如密闭不严或条件不许可，仍有毒物逸散作业环境空气中时，应采用局部通风排毒系统，将毒物排出。其中最常用的为局部抽出式通风，包括排毒柜、排毒罩及槽边吸风等。应根据生产工艺和毒物的理化性质、发生源及生产设备的不同特点，选择合适的排毒装置，其基本原则是尽量靠近毒物逸散处，既可防止毒物扩散又不影响生产操作，且便于维护检修。含有毒物的空气，必须经净化处理后才可排出，并注意回收综合利用，使工作场所有毒物质的浓度达到国家职业卫生标准《工作场所有害因素职业接触限值》的要求。

5）工艺、建筑布局

生产工序的布局不仅要满足生产上的需要，而且应符合职业卫生要求。有毒物逸散的作业，应根据毒物的毒性、浓度和接触人数等对作业区实行区分隔离，以免产生叠加影响。有害物质发生源，应布置在下风侧；如布置在同一建筑物内时，将发生有毒气体的生产工艺过程布置在建筑物的上层。对容易积存或被吸附的毒物如汞，可产生有毒粉尘飞扬的厂房，建筑物结构表面应符合有关卫生要求，防止沾积尘毒及二次飞扬。

6）个体防护

个体防护是预防职业中毒的重要辅助措施。个体防护用品包括呼吸防护器、防护帽、防护眼镜、防护面罩、防护服和皮肤防护用品等。选择个人防护用品应注意其防护特性和效能。在使用时，应对使用者加以培训；平时经常保持良好的维护，才能很好地发挥效用。

在有毒物质作业场所，还应设置必要的卫生设施，如盥洗设备、淋浴室、更衣室和个人专用衣箱。对能经皮吸收或局部作用危害大的毒物，还应配备皮肤和眼睛的冲洗设施。

7）职业卫生服务

健全的职业卫生服务在预防职业中毒中极为重要，职业卫生人员除积极参与以上工作外，还应对作业场所空气中毒物浓度进行定期或不定期的监测和监督；对接触有毒物质的人群实施健康监护，认真做好上岗前和定期健康检查，排除职业禁忌证，发现早期的健康损害，并及时采取有效的预防措施。

8）安全卫生管理

管理制度不全、规章制度执行不严、设备维修不及时及违章操作等常是造成职业中毒的主要原因。因此，采取相应的管理措施来消除可能引发职业中毒的危险因素具有重要的作用。应积极做好管理部门和作业者职业卫生知识的宣传教育，使有毒作业人员充分享有职业中毒危害的“知情权”，企业及安全卫生管理者应尽“危害告知”义务，双方共同参与职业中毒危害的控制和预防。

此外，对接触毒物的作业人员，应合理实施有毒作业保健待遇制度，适当开展体育锻炼，以增强体质，提高机体抵抗力。

9）配套法律法规

为保证作业场所安全使用有毒化学品，预防、控制和消除职业中毒危害，保护劳动者生命安全、身体健康及其相关权益，我国政府和人民代表大会制订、修订了《职业病防治法》，并颁布相应的配套规章、条例等重要文件，如《使用有毒物品作业场所劳动保护条例》，为生产性毒物的控制和职业中毒的预防提供了法律保障。

2. 粉尘防护

生产性粉尘防护要点可概括为“革、水、密、风、护、管、教、查”八字方针，以防止引起职业性疾患的产生。

革：改革工艺过程、革新生产设备。这是消除粉尘的主要途径。例如，遥控操纵、计算机控制、隔室监控等避免接触粉尘；用含石英低的石灰石代替石英砂作为铸件材料，可减轻粉尘危害。

水：即湿式作业。这是一种既经济又简便实用的防尘措施，如石材湿式切割、研磨等。

密、风：对不能采取湿式作业的场所，应采用密闭抽风除尘的方法。例如，采用密闭尘源与局部抽风相结合，防止粉尘外逸，抽出的含尘空气再经除尘装置处理后排入大气。

护：即个人防护和个人卫生。存在粉尘的作业场所，可佩戴防尘护具作为辅助防护措施。效果好的有防尘安全帽、送风头盔、送风口罩等，适用于粉尘浓度高的环境；粉尘浓度低的环境可佩戴防尘口罩；经常进行体育锻炼，注意营养，勤洗澡、勤换衣服，保持皮肤清洁，养成良好习惯。

管：即加强组织管理，建立健全职业卫生管理制度，合理安排劳动强度和作息时间，以减少职业病危害。

教：用人单位应当对劳动者进行上岗前的职业卫生培训和在岗期间的定期职业卫生培训，普及职业卫生知识，指导劳动者正确使用职业病防护设备和个人使用的职业病防护用品，以提高劳动者职业卫生防护意识和能力。

查：即职业健康检查，包括上岗前、在岗时、离岗前和应急职业健康检查。上岗前检查时如发现有以下疾病者均不得从事接尘作业：活动性肺结核、严重的慢性呼吸道传染病、显著影响肺功能的胸部疾病、严重的心血管疾病等。

3. *物理有害因素防护*

生产作业场所物理有害因素主要包括高温、高气压、噪声、振动、照度、紫外线、红外线、微波、非电离辐射（高频、超高频、微波）和不良气象条件等。物理有害因素的防护主要是加强个人防护并采用合理的工艺及其设备，具体的防护措施见表 6-5。

表 6-5　物理有害因素的防护措施

防护内容	具体措施
高温	1. 控制污染，合理设计工艺流程，远离热源，利用热压差自然通风，切断污染途径 2. 隔热、通风降温、使用空调等 3. 合理安排作息时间，加强机体热适应训练，使用清凉饮料、高温防护服和高温防护帽
噪声	1. 如果长期在超过 86dB（A）的作业环境下作业，作业人员应加强对听觉器官的防护，正确佩戴防噪声耳塞、耳罩和防噪声帽等听力保护器 2. 采用无噪声或低噪声的工艺或加工方法，选用低噪声的设备，加强对设备的经常性维护 3. 降低设备运行负荷，使用消声器、隔振降噪等工艺措施
振动	1. 在作业场所设计与机械安装时要采用减振、防振措施 2. 对手持振动工具的重量、频率、振幅等应进行必要的限制，工作中应适当安排工间休息，实行轮换作业，间歇使用振动工具 3. 使用振动工具时应采用防振动手套，或者在振动工具外加防振垫
紫外线	1. 电光性眼炎是眼部受紫外线照射所致的角膜炎、结膜炎，常见于电焊操作及产生紫外线辐射的场所 2. 电焊作业人员作业时应佩戴好防护面罩。如果室内同时有几部焊机工作时，最好在焊机中间设立隔离屏障，以免相互影响 3. 在作业场所墙壁上可以涂刷锌白、铬黄等颜色以吸收紫外线 4. 尽量不要在室外进行电焊作业，以免影响他人
电磁辐射	1. 在作业场所强磁场源周围设置栅栏或屏障，用铜丝网隔离且一定要接地，这有助于阻止未经许可的人员进入场强超过国家暴露限值的区域 2. 远距离操作，在屏蔽辐射源有困难时，可采用自动或半自动的远距离操作，在场源周围设立明显标志，禁止人员靠近 3. 工作位置应置于辐射强度小的部位，避免在辐射流的正前方工作 4. 工作中要加强对作业场所电磁场环境的监测，明确电场、磁场的实际水平
不良气象条件	加强管理，改善作业环境，严格按照国家有关作业标准进行作业，合理安排劳动作息时间，让作业人员轮流休息

三、安全标志和危险源的识别

要想保证职场的安全，需要用各种方法、技术和手段辨识职场中的各种安全隐患（危险源），评价职场的危险性，并采取控制措施使危险性最小、使事故的发生降级到最低程度，从而使职场达到最佳的安全状态。

（一）安全标志的识别

安全标志是职场中最常见、最明显的安全提示信息，如交通号标志，是规范作业、安全作业的基本要求。通过各种安全标志可以非常直接地对现场的安全隐患进行识别，职场中常见的安全标志一般有以下几种。

1. 安全色

安全色是传递禁止、警告、指令、提示等安全信息含义的颜色，包括红、蓝、黄、绿 4 种颜色。安全色主要用于安全标牌、交通标志牌、防护栏杆和设备机器的部位等。我国制定的《安全色》（GB 2893—2008）规定，红、蓝、黄、绿 4 种颜色是全国通用的安全色，其含义和用途如表 6-6。

表 6-6　安全色含义和用途

安全色	对比色	含义	用途举例
红色	白色	禁止、停止、危险、消防	各种禁止标志，交通禁令标志，消防设备标志，机械的停止按钮、刹车及停车装置的操纵手柄，机械设备转动部件的裸露部位，仪表刻度盘上极限位置的刻度，各种危险信号旗等
蓝色	白色	必须遵守	各种指令标志、道路交通标志和标线中指示标志等
黄色	黑色	注意、警告	各种警告标志、道路交通标志和标线中警告标志、警告信号旗等
绿色	白色	安全	各种提示标志，机器启动按钮，安全信号旗，急救站、疏散通道、避险处、应急避难场所等

2. 安全线

安全线是为维持秩序、保证安全而画的或拉起的禁止越过的线。

3. 安全标志

安全标志是用以表达特定安全信息的标志，由图形符号、安全色、几何形状（边框）或文字构成。安全标志分为禁止标志、警告标志、指令标志和提示标志四大类型。

4. 文字辅助标志

安全标志下方的文字辅助标志的基本形式为矩形边框，有横写和竖写两种形式。横写时，文字辅助标志写在标志的下方，可以与标志连在一起，也可以分开；竖写时，文字辅助标志写在标志杆的上部。不同类型的安全标志的文字辅助标志的字体颜色和衬底色是不同的。

（二）危险源的识别

危险源是指一个系统中具有潜在能量和物质释放危险的、可造成人员伤害、在一定的触发因素作用下可转化为事故的部位、区域、场所、空间、岗位、设备及其位置。危险源识别是指将生产过程中常见危险源，通过正确的方法、准确、及时地识别，进而对其进行管理和控制，避免事故的发生。

职业种类繁多，不同职场的安全隐患具有不同的特点，需采取不同的识别方法才能正确识别。按产业区分，职场可分为第一产业职场、第二产业职场和第三产业职场三类。

这里简单将第一、二产业的职场统称为生产型职场，它是有实物产品产出的工作场所，如装备制造工厂、煤矿、建筑工地等；将第三产业职场称为服务型职场，然后对各自存在的安全隐患进行识别。

1. 生产型职场危险源的识别

生产型职场危险源的识别主要有两种办法，一种是根据危险有害因素（或事故）的划分类别进行识别；另一种是根据职场中的各种安全标志进行识别。

2. 服务型职场危险源的识别

酒店、餐饮、旅游、娱乐等服务型职场，由于人员密集，不可预见因素多，一旦发生安全事故就会导致大量人员伤亡，因此更应要求员工能识别其中的危险源。

服务型职场危险源主要包括以下几种类别：①火灾隐患；②用电隐患；③食品安全隐患；④空气质量安全隐患。

活动与训练

劳动安全意识训练·活动与训练

职业病的危害

【目标】

关注职业病的危害。

【任务】

阅读背景材料，讨论改善“过劳死”现象。

【准备】

场地：无特殊要求。

材料和工具：无特殊要求。

【行动】

（1）阅读背景材料。

“过劳死”是一种现代职业病，是劳动者因为工作时间过长、劳动强度加重、心理压力过大，存在精疲力竭的亚健康状态，最终导致积重难返，突然引发身体潜在的疾病急速恶化，因救治不及时而丧命。

“过劳死”最简单的解释就是超过劳动强度而致死，是指在非生理的劳动过程中，劳动者的正常工作规律和生活规律遭到破坏，体内疲劳蓄积并向过劳状态转移，进而出现致命状态。中国近几年因为职业压力等原因而“过劳死”的情况频频出现，使得人们不得不正视这样一个现实。

（2）以4~6人为一组，通过讨论形成小组观点。

（3）每个小组选出1名代表陈述本组的观点，其他小组可以对其进行提问，小组内其他成员也可以补充回答问题，通过交流，将每一个需要研讨的问题得出清晰的结论。

（4）教师进行分析、归纳和总结。

【评价】

要求：任务评价的内容要围绕本主题，对事不对人，用词要积极向上，不能进行人身攻击。填写表6-7“职业病的危害”活动评价表。

表 6-7　“职业病的危害”活动评价表

评价内容	个人评价	同学互评	教师评价
讨论氛围			
观点深度			

活动与思考

1. 列举出校园中常见的安全标志，并说明如果发生安全事故应如何自救。
2. 你认为预防体力劳动和脑力劳动损伤的措施有哪些？请举例。
3. 劳动实践项目：消防逃生训练。

任务三　未来劳动素养训练

案例与故事

“斜杠”青年：“无边界”更精彩

“我现在有三份工作，第一当妈妈，因为家庭责任不可忘；第二是人力资源管理，因为吃饭生活不可抛；第三是兼职领队，因为诗和远方不可弃。”薛某目前在一家公司做人力资源工作，每周工作 3 天。同时，她也是稻草人旅行社的兼职领队。

像薛某这样的年轻人，如今被称作“斜杠”青年，指的是一群不再满足“专一职业”生活方式，而选择拥有多重职业和身份的多元生活人群。目前全国“斜杠”青年规模不断扩大，高学历青年成为“斜杠”领跑人群。那么，“斜杠”青年的生活有何不同？

不断探索自我，“斜”出不一样的人生。

互联网浪潮之下，新兴产业不断衍生，传统企业组织模式被解构，自由职业者大规模发展，这让各种“斜杠”成为当今时代新潮流的标志之一。数字化管理师、付费咨询师等新兴职业也“C 位出道”。

薛某曾从一份“996”的工作逃离，当她不得不再回到工作岗位时，决定以兼职导游的副业来承接自己诗和远方的梦想。“目前时间的占比是 6∶4，收入方面主职也多出不少，兼职主要是和爱好高度相关，更偏情怀一些。”薛某说。

干某怀着“看世界”的梦想进入航空公司，却发现工作本身并没有预想中有趣。“有的地方要去十几次，而且由于频繁飞行，身体状态越来越差，精神上也感到空虚。”干某说。如今，这位平时只能穿制服的空中服务人员，却在小红书平台因为“秀”穿搭而成为新晋网红。

弹着吉他唱歌的陈某坦言，发布弹唱视频是为了吸引更多的人来看自己的金融理财笔记。同时，学习成为一名心理咨询师也是为了更好地服务高净值客户。“一线城市的青年人因为激烈的竞争充满了焦虑，这也促使我们去学习更多知识，以便于在竞争中脱颖而出。”陈某说。

《斜杠青年》一书的作者旷某认为，“斜杠”青年是对工业时代“一个萝卜一个坑”工作模式以及用单一职业来定义个体的一种挑战；同时，也是对个体想要实现多种潜能的一种尊重。

“无边界”人生或为客观需求。

“斜杠”青年的生活方式需要实力来支撑，他们实际上都是一群自控力强、经历过长期的自我投资与积累，并且拥有某种核心竞争力的人。

身为互联网公司市场营销经理和母婴博主，徐某常把自己看作一家企业。“我不会去区分什么是主业，什么是副业。我会把自己看作一家企业，投资自己、提升自己的事都值得去做。”徐某说。

生活品质、兴趣爱好及自我发展是成为“斜杠”的三大动因。薛某发现，身边越来越多的同龄人有尝试“斜杠”的想法。“温饱问题解决后需要考虑更深层次的问题。”薛某说，大部分人会遇到职业瓶颈，对手也越来越强，不少人更积极地寻找人生新的可能性。

部分“斜杠”青年是在经历过“996”的痛楚之后，开启了“斜杠”人生，其中又以30岁左右已完成生育的女性为主。

上海社会科学院青少年研究所所长杨雄认为，新产业新技术新业态不断更迭，激烈的竞争促使青年人不断进行自我更新。“我们已经开始进入‘不斜杠即淘汰’的快速变化的社会。”

“朝九晚五不再是必需，自我投资永无止境。”在知识经济时代，人才将取代资本成为核心生产要素。只要有能力和实力，就能通过为不同的组织服务来获得更多收入，并保持自身的灵活性。

（资料来源：黄安琪，许东远，王宛艺，2019．斜杠青年：“无边界”更精彩？［EB/OL］.（2019-06-28）［2021-04-13］. https://baijiahao.baidu.com/s?id=1637544395465528234&wfr=spider&for=pc.）

未来劳动素养训练·知识与能力

一、未来的工作

未来的工作：传统雇用时代的终结是美国学者约翰·布德罗和瑞文·杰苏萨森提出来的概念，他们认为传统雇员社会正在消失，个体价值迅速崛起，组织呈现出更高的平台性和开放性，将来自由职业者将崛起，企业将变成由全职员工和（来自平台的非全职性）自由工作者组成的混合体。

1. 工作组织模式 4.0

未来工作组织方式会出现较大的变化，可将其分为表 6-8 所示 4 个阶段。

表 6-8 工作思维变化

工作组织模式	内容
1.0	工作由内部员工完成，为消费者创造价值
2.0	工作由企业内部员工和外部机构（外包公司、合作伙伴）完成，为消费者创造价值
3.0	在模式 2.0 的基础上加入自由工作者，工作被分配给全职员工之外的工作者完成
4.0	在模式 3.0 的基础上出现人力资源平台，可显著降低交易成本，极大提高自由工作者的工作效力

人力资源平台不是传统的“人才超市”，而是能够帮助组织进行工作任务的颠覆和重新解读。对于组织而言，若想打破组织边界，充分利用外部人才，不但要优化全职员工和自由工作者的工作组合，更要优化工作任务本身的设计方式。

与协调跟踪工作进度的员工项目管理系统类似，自由工作者之家有多种项目组织工具，以项目节点方式持续汇报工作进展，为管理相关文件网站推出了专门的“工作室”板块，尤其适合涉及众多自由工作者合作开发的项目。

2. 自由工作者的增加

我们已经习惯了工业时代和信息时代的工作方式，以至于一谈到这个问题就会自然想到朝九晚五的上班族。在我们的传统印象中，每次失业率升高都会引发市场的波动。我们上大学，目的是为了毕业后能找到工作。如果需要贷款买房，银行首先要了解你在哪家公司就职，工作年限是多少。政府雇员更是不遗余力地制定各种法律，以此方式保护全职员工的利益。

但是到了 20 世纪 80 年代，曾让很多人深信不疑的全职工作制开始土崩瓦解。企业突然发现，原来工作任务不一定要交给内部员工完成，使用外包公司其实更经济。很快，西方国家大量制造业岗位开始逐渐消失，转移到人力资源成本更低的发展中国家，特别是中国。这一变化为发展中国家带来了巨大收益，对发达国家的蓝领工作者造成了沉重打击。

很多无法向海外转移的岗位也出现了变化，原来的全职员工被临时员工取而代之。临时工作不但缺乏安全感而且没有任何福利保障，此类工作大多是兼职性的，经常出现变动。据说有些全职员工转为临时工后不得不四处打工，否则连水电费也难以支付。

纵观全球，自由工作者国度正在演变为自由工作时代。罗某是吉隆坡的一位自由工作者，他一直渴望为乐高这样的国际品牌设计广告。换作以前，这可是个遥不可及的梦想，除非你能在伦敦、东京或洛杉矶这种地方找大型广告公司就职。但是如果在从事专业广告内容开发的网络平台上，无论你来自哪里、学历如何或是否拥有人脉关系，都可以在那里一展身手。罗某这样的自由工作者，依靠自己的才华在那里终于实现了梦想。

对跨国公司来说，聘用本地自由工作者是否具备优势？答案是肯定的。本地人才可以随时面对面沟通，而且不存在语言文化方面的障碍。这一变化带来的新问题是，如今自由工作者已经开始展开全球性竞争，即便企业青睐本地人才，如果人力成本过高或服务质量不佳，它们仍会把工作交付给来自其他国家的竞争对手。

我们认为人力成本是推动自由工作方式迅速普及的最为重要的原因。试想一下，同样的工作交给本地工作者和来自发展中国家的自由工作者去做，后者的成本可能只有前者的几分之一。在自由工作者之家网站上，很多工作只有很低的时薪，这种报酬对低收入国家的工作者来说非常可观，但是对发达国家的劳动者来说可能无法接受。此外，服务质量是导致工作任务流向自由工作者的另一个原因。例如，罗某的广告设计活动，如果他需要为广告配音，这项工作会发给美国或英国的自由工作者完成，显然，在这个方面工作者的服务质量比服务价格更重要。

在有些情况下，自由工作方式的采用既不是因为成本也不是因为服务质量，而是纯粹运气使然。互联网人力资源平台具有全球性的本质，如果你把一份工作放到亚马逊的土耳其机器人（一个任务分配平台）上，谁知道工作者来自地球哪个角落？谁又会关心这种事呢？从管理者的角度来看，自由工作时代的出现带来的是人力资源的深层化和多样化。以前管理者要考虑的问题是："这份工作哪个员工能做好？"现在面对全球人力资源，他们要考虑的问题是："哪个国家的工作者能做到最好？""哪个国家的工作者做得又好报价又低？"

扫描全球人力资源也要花费时间精力。为此，未来的企业管理者必须思考这样一个问题：什么时候需要搜索质优价廉的全球人力资源，什么时候需要利用公司内部的全职员工？从招聘周期来考虑，企业招聘一位全职员工平均需要 90～120 天，从自由工作者之家平台聘用一位自由工作者平均只需要 3 天，两者的经济性对比一目了然，管理者根本无法忽略如此重要的新型工作方式。这种变化对企业来说无疑是颠覆性的，你根本不用大费周章去寻找完美的全职员工，出色的自由工作者一抓一大把，不但使用成本低廉，而且无须考虑福利、保险等各种后顾之忧。

3. 人力资源平台的优化和完善

现在自由工作者人力资源平台越来越多。例如，众包竞赛机制、视频展示等机制都能更好地了解对方能力。

思考这些问题有时会极大地简化规划工作，如当你把分解之后的工作任务扩散到外部平台以非全职方式完成时，规划过程不过是在需求出现时随时借用这些平台现成的高质量人力资源库而已。

拓展阅读

不固定的未来工作

随着社会变迁、经济发展、科技进步和人们生涯观念的改变，职业的构成和内涵不断变化。很多传统职业逐渐消亡，很多新奇的职业不断产生。睡觉、旅游、玩游戏，这些原来人们概念中的休闲内容，也可以成为职业了，职业睡眠师、旅游体验师、游戏玩家和游戏主播……社会变化飞快，没有做不到，只有想不到。

生活中，大学生可能接触或体验到的新职业包括职业游戏玩家、代驾、旅游体验师、多媒体专家、网上主持人、时尚买手、服装陈列师、点菜师等。新职业中还包括职业道歉、酒店试睡员、闻臭师、宠物墓地师等，只要有需求，就会产生相应的职业。

工作再也不一定是全职或兼职的了，不一定就要局限在办公室的格子间，工作更不仅是和自己专业对口，而更多的是促使自己将擅长和拿手的技能与专业学习有机地结合在一起。

1. 工作形式不固定

大学毕业生求职时多数都希望自己能够找到一份全职工作，且通常他们认为全职工作具有相对的长期性、稳定性和保证性。用人单位和人力资源管理人员也常常希望能够招聘全职工作人员。

工作之后，很多人会逐步发展出一些新的技能，并尝试在工作之外的时间开展兼职工作，一个人甚至可能兼任几份工作。兼职工作是近些年来增长最快的工作形式之一，这种工作选择在技术和专业领域中也具有上升趋势。

除此之外还有其他的工作形式，如两个人经过协商同意分享一个全职工作或全职职位，分享工作的两个伙伴各用一半的时间工作，伙伴双方的责任相同，但工作时间不同，和换班工作的安排类型相似。

合同工作是一种增长迅速的工作形式。为了节省成本或保持合理的工作流动，一些公司选择保留骨干人员作为核心员工，其他原来需要全职员工完成的工作，改为跟劳动者签订合同来完成，通常根据合同完成情况发放薪水。合同工作的劳动者不算单位员工，不享受单位的福利待遇。

在一些产品开发设计、产品营销或部分服务性工作中，还存在个人以工作室等形式参与企业某个项目的工作模式，这也可以算作广义的创业。

2. 工作地点不固定

远程办公是另一种正在快速发展的工作方式，它是指在远离办公室或雇主工作场所的地方工作。这种工作方式已经明显地受到了现代科技发展的影响，包括笔记本电脑、传真机、移动电话、互联网和电子邮箱的普及使用等，便利的交通方式和通信技术给人们在不同地点工作提供了可能。早上你可能还在北京吃着油条、豆浆，上午就飞到了上海和客户会面，下午又出现在深圳的宾馆里同全国各地的同事开视频会议，通报着客户最新的需求，并准备着下一个工作的行程……这一切都是在现代办公条件下极为平常的一天。

3. 工作内容不固定

现代社会竞争激烈，单位的主营业务有可能会随着行业的变迁而发生重大的变化，即使是在用人单位主营业务没有变化的时期，也可能会存在工作升迁或岗位轮换等情况，这些必定会引起工作内容的变化。

即便是同一个工作岗位，随着技术的进步和公司的发展，工作内容也会不断发生变化。例如，财会人员，最初他们都是用纸笔和算盘进行账目计算的，后来随着高科技产品的不断问世，电子计算器以及电脑日益普及，给财会人员计算带来了很多的方便，未来也许会有更加先进的财会人员专用的软硬件设施不断问世，那个时候会计的工作内容又将发生新的变化。另外，即使是同一个工作岗位，在不同行业和地区的工作内容也会有较大的不同，你怎么工作、做什么内容将取决于你在什么样的行业、机构和地理区域。

虽然未来的工作世界是不断变化的，而且有变化越来越快的趋势。但具体到现实的生活中，大部分职业还是相对稳定的。认为工作世界是不稳定的或者是无法预测的思想都是错误的。作为大学生，我们应该看到，其实不断变化着的工作世界为大学生的就业提供了更多的工作机会和选择。面对未来工作世界，需要学会如何应对工作的变化，应尽早做职业规划，尽早做好面对工作的心理准备，掌握探索工作世界的主动权。当我们了解工作世界的变化并知道该用什么样的心态面对它，用什么方法去适应它的时候，我们就可以成为自己工作世界的主人。

（资料来源：王潭，2021，大学生就业技能实训教程［M］. 天津：天津人民出版社.）

二、无边界职业生涯与易变性职业生涯

（一）无边界职业生涯的内涵

美国学者亚瑟在1994年研究职业生涯与环境变化的关系后，首次提出了无边界职业生涯的概念。他们认为，无边界职业生涯是指一种不限于单一雇佣范围（不仅包括当前受雇组织，还包含不同的岗位、专业、职能与角色，甚至国别地域与文化等）的一系列就业机会的职业路径。亚瑟认为，无边界职业生涯的特定内涵包括：①个体会为追求自我利益最大化而跨越不同雇主的边界，表现为有能力并可能跨越受雇组织的边界；②个体能够从所就职组织之外获得职业资格认证和市场竞争力的判定；③个体职业生涯与就业机会依赖外部人际关系网络或信息的支持，并可有效利用其为个人的职业生涯发展服务；④传统组织的职业生涯边界（主要以层级报告和晋升原则为特征）被打破；⑤个体在职业生涯发展过程中，不仅会考虑工作机会和职业生涯发展，而且会考虑个人生活品质或家庭因素（如会因个人或家庭原因而放弃已经拥有的工作机会），注重职业生涯与生活的平衡；⑥个体对职业生涯的选择主要依赖于对主观的理解与把握，可能不顾环境的限制而设想无边界的未来。总之，上述观点主要表达了无边界职业生涯打破了任职组织、职业资格认定和职业选择标准的边界，弱化了组织与个人的关系。

（二）无边界职业生涯的特征

与传统职业生涯的长期性、稳定性和线性发展相比，无边界职业生涯表现出以下几个明显的特征：职业边界模糊、组织更换频繁、雇佣关系改变、职业角色变更、人际关系网络扩大。

1. 职业边界模糊

在传统的职业生涯模式下，职业边界是清晰和稳定的，主动或被动打破职业边界的情况较少，职业个体长期稳定地在一个职业环境中进行线性发展。在无边界职业生涯模式下，工作的短期化致使职业个体需要不断打破或跨越职业边界，尤其是随着无边界职业工作的转换，个体在知识和技能方面不断深入或扩大，知识边界被打破，在选择职业工作时，职业边界的限制被不断削弱，职业边界呈现模糊化的特征。

2. 组织更换频繁

组织（企业）在无边界职业生涯模式中只是一个交换关系中的对象，职业个体根据

自身生存和发展的需要，结合个人兴趣、家庭情况、事业目标，在选择的职业工作的时候，更多受主观因素的影响，对组织（企业）的忠诚度下降，更换组织（企业）的频率比传统职业生涯模式下明显提高。

3. 雇佣关系改变

在传统的职业生涯模式下，职业个体更倾向于长期稳定的雇佣关系，长期或无固定期限劳动合同成为最佳选择；在无边界职业生涯模式下，职业个体不再追求长期稳定性，更注重企业环境对自身能力的提高，合适的雇佣时间更容易被接受，雇佣时间的长短更多取决于个体对知识、能力、经验、兴趣、人际关系新需求的满足程度，与企业的雇佣关系由长期的“关系型”雇佣，转向中、短期的“交易型”雇佣。

4. 职业角色变更

在传统职业生涯模式下，职业个体的职业角色主要是在稳定或基本稳定的组织（企业）内部线性的垂直变更，纵向的职务上升是满足个人职业成功感的重要因素；在无边界职业生涯模式下，个体职业角色的改变是在垂直和水平两个轴线上运行，跨边界的职业工作变更的动因是个体的需要（兴趣、家庭、经验、目标、人际关系），在满足需要的前提下，职业角色在跨边界后可以是水平的（职务和岗位的层级相同或类似），也可以是垂直的（职务或岗位的层级）上升或下降。

5. 人际关系网络扩大

在传统职业生涯模式下，人际关系网络处于一种边界内、外的稳定状态，人际关系的变化在广度和深度方面比较平缓；在无边界职业生涯模式下，根据职业边界变化的强弱和频率的高低，人际关系会产生新的变化，形成新的人际关系网络。

无边界职业生涯不是线性发展的，也不是简单的一个个小循环构成的大循环过程，是在一次次的循环中前进的复杂的过程。随着社会的发展，无边界职业生涯的模式也许还会发生新的变化，出现新的形式和特征。

拓展阅读

大学生如何适应无边界职业生涯

1. 心理能力

（1）挫折承受力。个体在遭遇挫折情境时，个体承受打击和压力，突破困境的一种耐受能力。在无边界职业生涯模式下，职业个体会多次打破直接边界、变换职业环境，在新的职业环境中，个体之间、个体和环境之间会发生交互反应，职业个体会受到其他个体和环境的压力，良好的挫折承受力有利于个体化解职业压力，更快地通过修正自身行为方式改变自身生存状态，适应新的职业环境。

（2）情感智力。性格、兴趣、动机、情感、意志等的综合体，也可称为情感智慧或情绪智力。在无边界职业生涯模式下，职业个体在每个职业生涯阶段，都要经历“进入—尝试—发展—退出”的四个阶段，情感智力因素对个体快速融入环境、与环境发生良性交互作用的过程具有重要的影响，对融入过程、交互作用效果产生减缓或加速、削弱或强化交互作用。

2. 认知能力

（1）自我认知能力，就是职业个体在组织系统环境中对自身和自身与环境关系的认知、评价的能力。在边界职业生涯模式下，个体在打破职业边界、进行职业选择时，需要综合考虑新的职业环境中自身知识和技术水平的适合度和提高度、个人兴趣爱好与工作的契合度、个人工作与家庭生活的平衡度、职业生涯经验的丰富度、人际关系或社会网络的扩大度等方面的因素，良好的认知能力，是对自我和职业环境的契合度做出科学判断的基础，是无边界职业生涯成功的保障。

（2）思维能力，就是职业个体将感性认识转化为理性认识以解决实际问题的能力，包括分析、概括、比较、抽象、综合、具体化和系统化等一系列过程。在无边界职业生涯模式下，职业个体是通过一次次的跨越职业边界、寻求自我能力的提升和自我需求的满足，如果没有良好的思维能力，无法在新的职业工作中解决工作问题，很难在新的职业工作中取得成功。

3. 行为能力

（1）人际交往能力，包括人际感受能力、人事记忆力、人际理解力、人际想象力、风度和表达力、合作能力与协调能力等方面。人际交往能力是无边界职业生涯成功的润滑剂，在无边界职业生涯模式下，组织的更换、角色的变更、人际关系网络的重建都需要良好的人际关系能力作为支撑。

（2）学习能力，职业个体在职业环境中，完成知识学习、经验积累、工作任务、职业发展的能力。在无边界职业生涯模式下，职业个体的每一次职业变换，都需要进行重新学习和积累，通过与新环境中其他职业个体以及职业环境进行交互作用，在职业工作过程中完成知识技术的学习和职业经验的积累，为下一阶段职业工作的转换做好准备。

（3）组织管理能力，就是为实现工作目标，有效运用各种方法，合理地组织和有效地协调各种力量的能力。在无边界职业生涯模式下，组织管理能力在“进入—尝试—发展—退出”的职业环节中影响着职业个体职业角色的垂直发展轨迹和速度。

（资料来源：毕洪东，2019. 师范生职业生涯规划与就业指导［M］. 杭州：浙江工商大学出版社．）

（三）易变性职业生涯

易变性职业生涯的概念主要源自个体职业生涯管理的心理成功，而非组织的职业生涯发展。易变的职业生涯的特点包括更多的流动性、整个生命的视角以及积极的发展前景。易变的职业生涯涉及针对职业生涯管理的价值驱动及自我指导的态度。具有易变职业生涯的个体倾向于使用他们自己的价值观（相对于组织的价值观）去指导自己的职业生涯（价值驱动），以及在他们的职业行为中扮演一个独立的角色（自我指导）。不具有易变职业生涯态度的个体则倾向于“借用”外来标准（相对于自己内在标准），并且倾向于在职业生涯管理的行为中寻求外部指导和帮助（相对于主动和独立）。

易变性职业生涯概念是与无边界职业生涯同时产生的，概念内涵有较多的相同点。在这种职业生涯模式中，员工自己来管理职业生涯，根据其核心价值做出职业决策，判断职业成功的主要标准是心理成功感，即主观成功。易变性职业生涯的展开不受特定职业生涯路径或组织的约束，而是遵循内心意愿。表 6-9 为传统职业生涯、无边界职业生涯和易变性职业生涯的对比。

表 6-9　传统职业生涯、无边界职业生涯和易变性职业生涯的对比

内容	传统职业生涯	无边界职业生涯	易变性职业生涯
雇佣关系	以忠诚交换工作安全	以绩效 / 灵活性交换可雇佣性	遵从内心意愿选择职业
心理契约	关系型	交易型	交易型
职业生涯边界	一个或两个组织边界	多个组织边界	一个或多个组织边界
工作技能	与组织相关	可迁移性	可迁移性、不断更新
培训与学习	正式培训	在职培训	在职培训、持续学习
职业发展阶段	与年龄相关	与学习能力相关	自主选择
职业生涯目标	加薪或晋升等	可雇佣性的提升	心理成就感
职业成功标准	薪水、晋升、地位	心理意义上的成功感	心理意义上的成功感
职业生涯模式	线性的等级机构	跨边界性、短暂性	跨边界性、多样性
生涯管理责任	组织	个体	个体

无边界职业生涯和易变性职业生涯还有以下几点区别。

（1）具有易变性职业生涯观的个体，不一定喜欢跨越组织边界的工作；具有无边界职业生涯观的个体，也可能依赖组织发展自己的职业生涯。

（2）无边界职业生涯主要关注个体对外部环境的适应性与灵活性；易变性职业生涯则更关注个体生涯发展中的自我同一性与身份认同。

（3）无边界职业生涯强调个体“心理或物理”层面的职业生涯变动 ；易变性职业生涯强调个体主动管理职业生涯，通过自我引导来获得心理成功感。

三、未来社会需要具备的四项劳动素养

在全球范围，大家都必须要做好应对 21 世纪技能需求的演变这一挑战，而其中之一就是我们究竟如何从标准化的困境中走出来，真正地在一种专业化的“氛围”里每个个体各司其职，并在各自的平台上都可以发挥出自己的创造性。

每个人在一个变化无常的社会中，应该为未来奠基四个基本能力：知识、技能、品格和元认知。

（一）知识

无论教育形式怎么发展、变化，根基依然是知识。我们新的教育形式要求在知识之上一定要有所创新，并且去通盘地考虑如何让它适应今天的时代。因此，这里的“知识”主要由以下五个重要组成部分构成。

1. 系统性思维

在过去，学校教育都非常擅长将大问题化为小的子问题，然后让学生们逐个去击破。但今天更重要的是，要在小问题中进行整合，让学生形成系统性的思维。

我们希望学生能像数学家一样思考，同时也具备历史学家的眼光，系统性思维、跨学科思维是非常有意义的，这也为教师的专业化提出了巨大的挑战：今天的教师仅仅做

一个科学或者是数学老师已经不够了，他们一定要具备跨学科的素养，要懂得和其他教师进行合作，教师间跨学科合作才可能使学生拥有跨学科的素养。

2. 设计思维

今天人们所重视的创新与创造力，是不完全相同的。创造力是创新的一部分和基础，创新要比创造力大得多。例如，学生可以通过自己的设计思维使自己的学习或者认知形成体系和系统，这本身也算是一种创新。

3. 信息素养

信息素养也非常重要，它使得学生可以了解到，究竟这么多知识和学科中，什么是它的基础，以及如何利用这些信息来为自己所用。

4. 全球化素养

今天的教育，要求我们一定要培养学生的国际性视野。要让他们懂得这个世界上还有很多人在用不同的思维、不同的角度来看问题。这是全球化素养的一个深刻的内涵。

5. 数字素养

今天我们这个世界是一个充满概率性的世界，这就需要学生具备基本的数字素养。

（二）技能

技能也是当今教育的一个重要基石，那么技能到底如何运用于实际生活，产生积极的效果呢?

这些技能包括创造力、批判性思维、问题解决、创新、协作、收集数据、沟通等。

创造力和批判性思维非常重要。批判性思维，就是你从不同的角度看待和分析同一个问题。协作在今天也被当作一种技能来看待，因为跟别人一起合作去共同解决问题本身，就需要高度的技能。

（三）品格

除了技能之外，还有一个软实力对于学生的影响非常大，就是品格。品格包括同理心、韧性、专注力和心智觉知、包容、好奇心、伦理道德、勇气、领导力等。

同理心，意味着一个学生是否可以站在他人的角度，来体会另外一个人深处的情景。韧性，就是学生在失败以后，是否可以继续前行的能力。你想让一个学生变得有创新能力的话，你必须要让他经常去冒一些风险。只要冒风险就会犯错误，犯错误承受失败以后，是否能够从原地继续前行，这一点非常重要。

品格非常难以捕捉，但是世界上很多成功的学校，都是非常注重学生品格的培养。学生的认知技能高低，与他们的快乐感之间没有太大的联系，但是他们的社会情感技能，则与他们是否感觉到快乐关联度很高。

（四）元认知

所谓“元认知”，就是了解自己的能力。例如，要有相关的自我意识，要懂得去自律，要控制自己的行为，同时要经常进行相关的自我反思，具体包括自我意识、自律、自我反思、自我适应、终身学习和学习策略等。

一个真正的成功的教师，并不是说在你的学生毕业时他的成绩有多好，而是要看在他毕业的时候，是否可以成为终身学习的意识者，在未来的社会里更加自如地发展自己。

当前学校的课程已经太多了，很多都是过去有用而现在没有及时更新、没有去适应现在时代的要求的，占用了学校很多的资源。按照金字塔的形状，考察知识的价值有三个维度：最底层的是实用价值，如概念、工具；中间层的是认知价值，如创造力、批判性思维；最上层的是情感价值，如美学。

一个学生成功需要具备三个方面：第一是通过严格的训练激发积极的思维；第二是注意力；第三是连贯性、这意味着可以在特定的领域里深入学习，而不是把所有的知识都很肤浅地学一点点。连贯性，是指在整个学知识过程中要有体系。前面学到的知识，和后面承接到的内容要有相应的连贯性，不能成为碎片化的东西。

不同的环境应采用不同的教学方式，针对不同的学生群体是非常有必要的。不同国家的教学方式，也是可以互相学习的。

活动与训练

未来劳动素养训练·活动与训练

生涯人物访谈

【目标】

了解未来自己想要从事的职业，并探索该职业未来发展趋势。

【任务】

结合自己的兴趣、技能、职业价值观、教育背景和已掌握的职业知识找出未来最可能从事的职业以及该职业未来的发展趋势，然后在该职业领域寻找一位在职人士作为访谈对象。

【准备】

地点：据访谈对象而定。

材料和工具：录音笔、笔、笔记本等。

【行动】

（1）预约生涯访谈人物，约定访谈时间、地点等。

（2）准备访谈提纲。

（3）撰写访谈报告。

【评价】

要求：任务评价的内容要围绕本主题，对事不对人，用词要积极向上，不能进行人身攻击。填写表 6-10“生涯人物访谈”活动评价表。

表 6-10　“生涯人物访谈”活动评价表

评价内容	自我评价	同学互评	教师评价
访谈人物与自我职业期待的匹配度			
是否达成了访谈目标			
访谈报告质量			

活动与思考

1．我们应该锻炼自己哪些能力以适应未来工作？

2．填写下列工作世界调查表。

（1）我理想的职业：1________ 2________ 3________。

（2）请从中选择一个最希望了解的职业：

方式：采访采取现场访谈笔录或录音（需征得被访谈者的同意）。

用途：整理访谈资料，以便总结或分享。

① 职业名称是什么？

② 它与文字、数字、人际或事物哪一个关系较密切？

③ 主要的工作内容是什么？

④ 主要工作场所是室内还是室外？

⑤ 工作时间是固定的，还是自行调配的？

⑥ 起薪标准和计薪方式（计时、计件、月薪、年薪）如何？

⑦ 从业者所需要的教育背景是什么？

⑧ 从业者所需具备的能力或特殊能力有哪些？

⑨ 从业者所需的人格特质是什么？

⑩ 从业者是否需要专业资格（或执照）？

⑪ 从业者的升迁和发展机会怎样？

⑫ 从业者的就业市场如何？

⑬ 从业者可能的压力来源是什么？

3．劳动实践项目：学会一门与自身专业有关的新技术。

参考文献

何卫华，林峰，2019. 大学生劳动教育理论与实践教程［M］. 厦门：厦门大学出版社.

黄月，2013. 当代大学生奉献精神的培养［J］. 经济研究导刊（10）：273.

李彬，2018. 本色红亮［M］. 西安：西北大学出版社.

刘向兵，等 2019. 新时代高校劳动教育论纲［M］. 北京：社会科学文献出版社.

陆士桢，李泽轩，2019. 论新时代中国特色志愿服务的新格局［J］. 中国青年社会科学，38（5）：1-8.

欧阳询，周慧敏，2019. 陶行知劳动教育思想探析［J］. 科教导刊（中旬刊）（12）：146-147.

邵长威，2019. 思想政治教育视域下提升大学生劳动素养的途径探索［J］. 辽宁工业大学学报（社会科学版）（4）：98-100.

檀传宝，2019. 劳动教育的概念理解：如何认识劳动教育概念的基本内涵与基本特征［J］. 中国教育学刊（2）：82-84.

余金成，2019. 劳动论要［M］. 北京：光明日报出版社.

赵章彬，2019. 高等职业院校劳动文化建设与创新研究［M］. 北京：中国农业大学出版社.

郑银凤，2020. "95 后"大学生劳动观教育研究［M］. 北京：中国社会科学出版社.

中国劳动关系学院劳动教育中心，2020. 劳动教育评论［M］. 北京：社会科学文献出版社.

周淑芳，2019. 新时代大学生马克思主义劳动观教育刍论［J］. 学校党建与思想教育（5）：49-51.